思いでの

ハーピスト

# リリー・ラスキーヌ

レッスンを通してふれた人となり

沢田 啓子

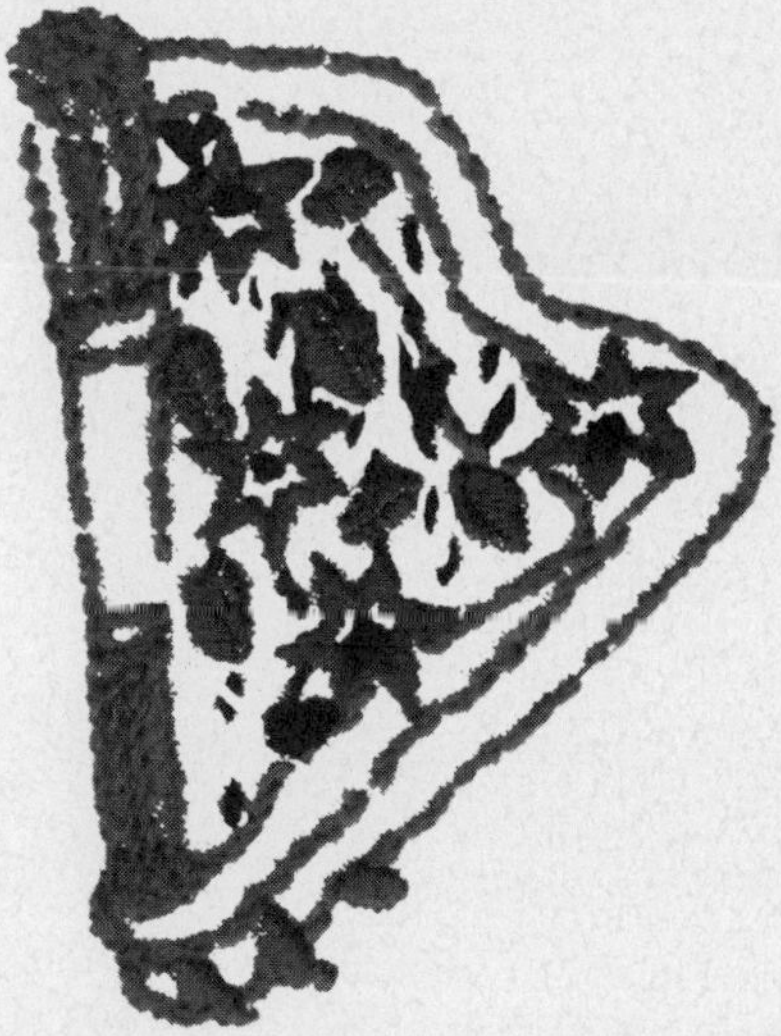

# 目次

附記

# はじめに

私はパリの「エグリーズ・サン＝ロッシュ」という教会で、リリー・ラスキーヌの弾くハープを聴いていた。

パリに着いて何日も経たないある日、街角の広告塔に彼女のソロ「ダンス」と、もう1曲ソロの入ったコンサートのポスターを見つけた。フランスに来て、すぐにリリー・ラスキーヌのナマの演奏を聴ける！　何と運が良いのだろう！　と大喜びで券を求めたのだった。

一番安い券を買ったので、中央のステージになっている祭壇前が、大きな柱に遮られて殆ど見えない。安い券はそういう席だ、と知らなかった。でも、見えるにこしたことは無いが、彼女のナマ演奏を教会で聴くという経験は初めてなのでワクワクしていた。

石造りの教会の中は、とても残響がある。彼女の演奏する音の一つ一つが残響を残しながら豊かで細かいニュアンスを伝えている。彼女は70何才ときいていたが、曲の表現の若さに驚く。

「音楽が言葉になって語りかけてくる！」と非常に胸を打たれた。どこの国の言葉、そういった類いではなく、直接「言葉」として心に伝わってくるのだ。この時の思いは、ずっと今に至るまで私の演奏の柱となっている。

（余談だが、他にクープラン、バッハ、モーツァルトを小編成のオーケストラで演奏するプログラムのこのコンサートは、夜の9時に始まり、帰り着いたのは夜中の1時）


思いがけない偶然によって、リリー・ラスキーヌに教えて頂けることになった経緯を、切れ切れに残っている当時の日記や手紙その他で、私の一生一代の「幸運」を活字にして残し伝えたいと思う。

# 第1章　リリー・ラスキーヌの生徒になる

パリに着いてからは忙しかった。

警視庁へ滞在許可証をとりに行った。

ガヴォーの店でレンタルハープの契約をした。月１６０フラン。運送代約１００フラン。

「エコールノルマル・ド・ムジーク」に行って、ただ学校の中を歩いてみた。この学校でハープの勉強をしようと決め、日本からスチューデントヴィザを取ってパリに来たのだ。10月の新学期から私はここの生徒になる手続がしてあった。先生は、ミッシュリーヌ・カーン。（彼女はダマーズの母上）

次はフランス語をどうやって習得するかだった。ラスパイユ通りにアリアンス・フランセーズがあると聞いていたので様子を見に行った。

途中、ある通りを歩いていると、ショーウィンドウにハープを飾っていた店があった。小さな店だが中をうかがうと、何台かハープが置いてあった。思わずドアを開けて入る。「ボンジュール！」店に居た男性がにこやかに声をかけたので、私も「ボンジュール！」彼はこの店の持ち主で、ムッシュウ・マルタンと名のった。

私と同行してくれた友人は、フランス語はカタコトだが英語は自由だったので、会話に不自由は無かった。

店の中に有ったハープに吸い寄せられて、「弾いてみても良いですか？」と私は云ってしまった。マルタン氏は「どうぞ好きなように弾いて下さい」と云ってくれた。

始めは指一本であの音この音を遠慮勝ちに弾いていた私だったが、だんだんアットホームな気分になり、片手４指、両手８指で曲らしいものも弾きだした。

マルタン氏は「あなたはどこで弾いているの？」と。「私は日本からパリに着いたばかりで、日本ではＮＨＫ大阪のハーピストをしていました。でも、もっと勉強がしたくて、この新学期からエコールノルマル・ド・ムジークの生徒になります」

マルタン氏「どうしてマダム・ラスキーヌの生徒にならないのですか？」と。

そんなこと言われたって！　リリー・ラスキーヌは私達ハーピストの神様のような、世界で指折りの方なのだから！　私が生徒に、なんて思ったことも無い！　と、マルタン氏の言葉に本当に驚いてしまった。

マルタン氏「私はリリーを良く知っていますよ。彼女はとてもジャンティ（親切）で良い人だから、私が頼めば生徒にしてくれますよ。連絡をとってあげましょうか？」

私は、考えもしない世界がすぐそこにあることにビックリした。でも私が生徒になれるなんて、そんな夢のようなはなしは有りようが無い……絶対に不可能だ。でも、彼女の姿、顔、お家の中を見るだけでも良い。お宅に伺ってハープに触れさせて頂くだけで、私の人生の大きな幸運・思い出になるだろうと思い、リリー・ラスキーヌのアポイントを取って頂くようお願いをした。

不思議な世界に迷い込んだような気分で帰って来た。

マルタン氏がリリー・ラスキーヌに連絡をして下さったお陰で、ラスキーヌ家訪問の日が決まった。

フランスに来る３ヶ月前、日本の「フランス語教室」で「アー・ベー・セー」から始めた私のフランス語は心もとないこと、この上ない。

日本人の友と、その友人であるフランス人のアルベールの二人に、マダム・ラスキーヌ家への同行をお願いした。

３人でラスキーヌ家へ。約束の11時少し前に彼女のアパルトマンを確認したので、近くのカフェーでコーヒーを飲む。落ち着かない。

11時。２階（日本では３階にあたる）にあるラスキーヌ家のブザーをアルベールが押した。にこやかな老婦人がドアを開けてくれた。私より背は低い。リリー・ラスキーヌかしら？　と半信半疑。でも、本物のリリー・ラスキーヌだった！　夢を見ているようで、とても嬉しかった。

「何か弾いて聴かせて」と云われ、「トゥルニエのロリータ」と「サルセードの夜の歌」を弾いた。「トレビアン」と彼女は云った。続いて「でも、これらの曲は易しい曲だから私が教えるまでもない」と。「もっと大きな曲を弾きなさい」「例えば、グランジャニーのラプソディ、フォーレのアンプロンプチュ、トゥルニエのフェアリー……など」

「そして、もっと広い場所で弾くつもりで。もっとソリッドに」と云われた。

御自分の楽譜の中から「トゥルニエのオゥ・マタン（朝に）」を取り出して「今度は、これを持っていらっしゃい。この楽譜をあなたにあげるから」とおっしゃった。

その瞬間、私は「リリー・ラスキーヌが私を生徒にして下さった！」と確信した。喜びと冷静の入り混った不思議な気持だった。レッスン代は一回60フラン。


リリー・ラスキーヌはフランス語しか話さない。

アルベールがフランス語でラスキーヌとやりとりし、日本の友人に英訳。友人がそれを日本語に訳して私に伝える。それで充分に会話が続いた。

アルベールは、エコールノルマル・スーペリウールの教授で、ラスキーヌの弟も昔、同じ学校で学んでいた、と話がもり上がっていた。アルベールへの信用が、私を生徒にする気持にさせたのかも知れない。

# 第2章　日記より

時々でしたが、日記をつけていました。

初めてのパリ体験は、沢山の記録として日記の中にありますが、リリー・ラスキーヌに関係ある個所だけをとり出し、記しました。

11時。ラスキーヌのレッスン。
朝食は、すぐ角を曲がったカフェのスタンドで。カフェ・オ・レとクロワッサン。
アパルトマンに帰って、30分程さらって出かける。
今日レッスン用に置いてあった楽器は、いつもの飾りの無い茶色のエラールではなく、デコラシオンの有る、支柱が金色の古いハープ。やはりエラール。音も聴き易いし、ペダルも、とてもスムーズ。

「ボクサのエチュード」「トゥルニエのエチュード・ド・コンセール（オゥ・マタン）」「グランジャニーのラプソディー」をみて頂く。

右手、親指を少し高く、4の指を少し低く。左手、大きな音を要求される時にも、決して硬くて響きの無い音にならないこと。常にソノリティーを大切にし、まろやかな音を出すこと。

それに、手首は柔らかく、弾いたら力を直ぐに抜いて。

用意する音のポジションは、出来る限り、一つのパターンとして指を弦に置いておくこと。

レッスンが終ってから、いつもより多くフランス語でオシャベリをする。あまり上手くはないけれども、いつもより口が動く。

ラスキーヌのレッスン。

「サンサーンスのファンタジー」あがる。

「ボクサのエチュード」1曲と「グランジャニーのラプソディー」の後半、そして「グランジャニーの秋」をみて頂く。

朝、ラスキーヌから電話。今日のレッスンの約束を明日にして欲しい、とのこと。
1日もうかった！　と思う程には練習が出来ない。

昨日のが今日に変更になったレッスン。
「ボクサのエチュード」一曲が終った時、「マニフィック！」と頭の後ろを叩いて下さった。「グランジャニーの秋」も、色々と注意を受ける。とても良く練習して来たと褒められる。「グランジャニーのラプソディー」今日は全曲をもってゆく。後半、何だか疲れが出て力が出なかったら、やはりラスキーヌにわかってしまった。後半を、又次に。

今日はパンタロンを、はいて行く。

「可愛い。細いからきれい。太い人はカッコウが悪いけど。だから、私ははけない」と彼女は云う。

この頃は風が強い。天気がよく変わる。

疲れていて、いやだったけれど、サロン・ベルリオーズ（コンセルヴァトワール内）にコンサートを聴きに行く。歌とハープのダブルリサイタル。

ハープは、クリスティーヌ・アラール。

ハープの曲目は、「サルセードのヴァリエーション」「トゥルニエのオゥ・マタン」「ヒンデミットのソナタ」「フォーレのアンプロンプチュ」

彼女は白とグレイの混った短い髪の可愛いおじょうさん。白い模様編みのセーターに、白い長いスカート。

終って※マダム・ラスキーヌにご挨拶に行くと「トレビアン・サ」とおっしゃっていた。

※ここから後は、フランス人が普通に言うように私も、マダム（Mme）・ラスキーヌと言うようになった。

マダム・ラスキーヌのレッスンの後、気分良く歩いてたら良いことばかりは無いもので、交差点の眞中で目に固いゴミが入る。とても痛い。ファーマシーで取ってもらう。昼食を街のレストランでとって、楽譜店デュランに行く。「グランジャニーのラプソディー」を買いに。もう一冊欲しかったから。無いので、ルデュックを訪ねる。パレ・ロワイヤルでメトロをおりてすぐ。一見、本屋さんらしくない。コンセルバトワール・ド・パリの図書館もこうかしら、と思うような感じ。本の卸屋のよう。「グランジャニーのラプソディー」と「トゥルニエのフェアリー」を買う。

朝、プニュマテックでマダム・ラスキーヌから手紙を頂いた。ボロー先生のお宅へ行くように、と住所が書いてあった。

ボロー先生のお宅にお伺いして、彼女の生徒達の演奏を聴く。ボロー先生のクラスの発表会。

いつもより引き締った顔をしていらっしゃる。

丁度２ヶ月間あった夏のヴァカンス後の、初めてのレッスン。２ヶ月とはいえ、どんな風になられたか少々気にしていたが、全くいつものようにお元気そのもの。

ドアを開けるなり「ケイコ！　元気？　久し振りに又会えたわね。さあ、お入りなさい」

部屋に入ると、「フランス語で書くのが上手になったわね」と。私が旅行中に差し上げた2枚の絵はがき。フランス語はあまり上手に綴れなかった、と思っていたのに、少しは意味を分かって下さったのかしら。

「ほら、この人形は日本の家族よ」と、私の差し上げたコケシを指差して嬉しそう。40㎝位の高さから、だんだん小さくなってゆく6個のコケシ。それらが飾りの付いた円テーブルをグルリと、とりまいていた。

ほんの少し待たされてレッスン。

エチュードは、ボクサの39番、40番、41番。特に注意は、41番の13、14小節目のくだり。弾き終った指は回すように前方に持ってゆく。4の指を弾く時には1の指も、他の指も、次の和音の位置の上近くにあること。こうすれば、指をかけそこなうこと無しに易しく弾ける、と。

曲は、ヘンデルのコンツェルト。

1楽章と2楽章を、音の出し方、それについての指、手の使い方、指使い等の注意。

ヘンデルの曲をやる時には、深く人生（la vie）について考えなくてはならないので、急いで終ろうとせず、ゆっくり時間をかけて弾き込んでゆくべきである、と。「だから、ヘンデルと一緒にもう1曲、小さな可愛い曲をやっていらっしゃい」と云われた。「あま色の髪の乙女」をやりたいと云ったら、それはとても良い、と云うので決める。

二日前に、この曲をデュランで買っておいて良かった。マダム・ラスキーヌは、ピアノの楽譜で弾いているそう。グランジャニーの編曲を、どんな風に教えて下さるか楽しみ。テアトル・ド・ヴィルのコンサートで、マダム・ラスキーヌの息のつまるような美しい演奏を聴いてから、どうしても教えて欲しい、と思っていた曲。

レッスンが終ってから、しばらく雑談。

28日と29日にパンテオンの近くで、日本の曲をパイヤールとやるから、どちらかの日を選んで一緒にいらっしゃい、と云うことなので、29日の朝9時にお宅に伺って連れて行って頂くことにする。

10月にプロヴァンスの方へ演奏旅行に出かけるそう。

マダム・ラスキーヌに差し上げようと持って行った2枚の絵はがき。1枚は、フォンテーヌブロー宮殿のマリー・アントワネットの部屋の絵はがき。この部屋の欄間にあたる辺りの一角に、ハープとフルートを奏している二人の女性の彫刻がある。それが、彼女のレコードのジャケットの模様になっている。

「多分、御存知でしょうけれども——」と差し上げたら、「知らなかったわ！」と驚いて感心していらっしゃる。「どのレコードかしら？」と彼女。「次のレッスンの時に、そのジャケットを持って来てお見せしましょう」と私。

もう1枚は、ルーヴル美術館のエジプトの古い物が有る部屋に置かれてあるハープ。緑色の皮を貼った胴が、バックの赤い色に映えて、あざやかなので「本当にこんな色をしているの？」とおっしゃる。「今度、私も見に行きましょう」と。ロシアのハープのことを話した時も「安いし、良いものならば——私も見に行ってきましょう」とおっしゃる気の若さ。

ルーヴル美術館に置いてあるハープの位置を逆にして、「こうね」とおっしゃるので、「反対です」と云うと「そんなことはないわ。ほら、ハープというのは、こういう型をしているものなのよ」と、御自分のハープに合わせて見せる。そういえばそうに思えてきたが、やっぱり〝ルーヴル〟には、彼女のおっしゃるのとは逆に置いてある。箱の上に。もしかしたら、〝ルーヴル〟の方が間違って置いたのかも知れない、という気になる。

マダム・ラスキーヌのお宅を出てポルト・シャンペレの交差点の時計を見たらお昼の12時。

引越しの為、それに体の調子が悪かったので、今週はあまりさらえず。

レッスンの前に、「今日は、一寸心配」と云う。マダム・ラスキーヌは「そういう時は次のレッスンで頑張ればいいのよ」と優しく云って下さる。

目を大きく開いて、注意力を全部集めて弾く。今となっては、こうするより仕方が無いから。

ボクサのエチュードは、42番、43番、それと44番の2ページが上る。全部で6ページ。44番は、ペダルが殊にすごい個所が何度も出てくるので、気を張らないと体が動かない。

２ページ迄は大変良いけれど、残りの半分は来週迄さらう必要がある、とのこと。

ヘンデルの１楽章は、プレスク・パルフェ。２楽章、３楽章を少し注意される。

「あま色の髪の乙女」は、ニュアンスと少し指使いを教わる。「あま色の……」を弾いて下さる。コンサートで遠くから聴くのも良いけれど、息使いのきこえるこんな近くで、素晴らしい演奏をして頂ける、それも私一人に。なんと幸せなことかと、つくづく思う。

ついでに、ワルツの楽譜をひっぱり出して来て弾いて下さる。

出版社が、ラスキーヌの爲にわざわざ刷ってくれたという。ドゥビュッシー、１８９０の作品。きっと、埋もれて世に出なかった作品を出版社がマダム・ラスキーヌに捧げたのだろう。

ゆれるリズム、うたうメロディー。いつでもマダム・ラスキーヌの演奏は、全くまいって溜め息が出る。

本棚から古いドゥビュッシーに関する本を取り出してきて、「あま色の髪の乙女」は、１９１０年に、「ワルツ」と「月の光」は１８９０年の作、と調べて下さる。良さそうな本なので、興味を持った私、「今でも売られていますか？」ときいたら、「ノン。セーヌの川岸で買ったのよ」とおっしゃる。

「今年は、なるべくテレビに出られるようチャンスを作ってあげましょう」とおっしゃる。「私はコワイ。ラジオならまだマシですけど」と云う。「テレビで弾いたことは有るんでしょ？」。それはそうだけど……。

「非常に良く練習したら、何も怖いことは無いのよ」とおっしゃる。それはそうだけど……。練習して、練習して……そしたら、本当に怖く無いかしら。

パリに来る前迄持っていた、人前で弾く怖さと楽しさ。その何とも云えない生き甲斐の気迫が、この頃なくなってしまったのはどうしてだろう。あれが有ったら、結果はともかくとしてガムシャラに、やる気になるだろうに。あのガムシャラは、どこへいってしまったのだろう。マダム・ラスキーヌの云うチャンス。すぐそこに捕まえられるものがあるのに……。マダム・ラスキーヌは又、「ヘンデルのコンツェルトも、どこかでやれるようオーケストラを探してあげましょうね」とおっしゃる。

私が、「音楽はコム・サ（こんな風に）と先生が生徒に弾いてあげれば、容易に生徒はその通りに出来るので、他の分野より言葉が上手く無くても進んでいけますね」と。

マダム・ラスキーヌ「あなたはそう云うけれど、なぜそう弾くのか、なぜそう弾かなければならないのかを理解せずに、音だけを出すのは無意味です。音の出し方、弾き方の必然性を理解するには、やはり言葉で説明する必要が有るので、言葉の通じない人にレッスンをするのは、とても難しいことです。私が今から日本語を学ぼうとするのは、セ・シノワ（フランス人の云い方＝それは中国語。日本で云うチンプンカンプン）だから、あなたがフランス語を学んでね」と。

「ある指使いは、決して全部の人がそうすべきだ、と云うことは出来ません」と、マダム・ラスキーヌはおっしゃる。

「グランド・フィーユ（大人）になったあなたは、自分の指の大きさ、特性から、弾き易いように考えるのは当然です。私の指使いは、こうだけれども決してオブリガトワール（強制的）ではありません。あなたの考える指使いは、時として一寸ドロール（ヘン）だけれど、よく考えた末ならば、決して悪くはありません」とおっしゃる。そして時々「エパタン！（素晴らしい）」とおっしゃり、「普通は、そうしないけれども、あなたの指使いの方が良い、私が認めましょう！」と。

マダム・ラスキーヌ「ピエルネのコンツェルトシュトゥック、こんな美しく素晴らしい曲が、今、楽譜屋さんに出ていないのは不思議ですね」と。彼女の演奏の入ったレコードを借して下さった。

「ボン・ジュール！」私の姿を見るなり「そのセーターとパンタロンの色合い、とても素敵！」と彼女は云う。「まあ！　12才用のパンタロン……？　私もはきたいけれど、若くはないし。丈は12才用にしなくてはならないでしょうけど、こんなに太いから……」

私のグレイのセーターと、白黒の細かい杉綾模様のパンタロンを見ておっしゃる。

沢山の曲を練習することも大切だけれど、プュブリックな場所で弾くことが、あなたにとって、とても必要だ、と。

左手のオクターヴについて。１の指に問題が有るので、自分の方向へ弾かず、私の方へ（マダム・ラスキーヌの方へ）弾くように。即ち、左手のおや指が、４の指と同じ量の力で弾けるように。そうするには、なるべく弦に直角な方向へ弾くように。平行の方向へ弾かないこと、と云われた。

メッス（地方の名）で、ライネッケのコンツェルトをおやりになったとか。昨日だ。

今迄、一度も彼女の指がいたんでいるのを見たことはなかったが、今日、その時の爲だ、とおっしゃって左の親指を見せて下さった。５サンチーム硬貨位の大きさの内出血のアト。

赤いというより、ほとんど黒。少し具合が悪いけど、大したことは無い、とおっしゃる。マダム・ラスキーヌでさえ、それ程になる迄弾くのに——私は——普通にしか練習をしていない……と、一瞬ドキリ。

オーケストラが、デュール（上手くない）だった、とか。

ライネッケのコンツェルトをふき込んだレコードを見せて下さる。この時のオーケストラは、とても良かった、とおっしゃる。

今日のマダム・ラスキーヌは、濃いグレーのジャージーのワンピース。

「新しいローブですか？　始めて見ます」と私が云ったら、「古いのよ」と。

「ミモザの花を見たい……。いつ頃に咲きはじめるのですか？」と私。マダム・ラスキーヌはすぐ、本棚から百科事典を取り出して調べて下さる。いつも、サッと本をとり出してお調べになるのを厭わない。彼女の取り出した事典には載っていなかったが、ニースの方に居るお弟子さんに聞いてあげましょう、と気軽におっしゃる。

マダム・ラスキーヌは、ニースよりカンヌがお好きだそう。そして、マントンはもっと良くて大好き、とおっしゃる。

ハープは、弦の上に指を用意して、そして弾く、という複数の行爲をしなければいけない。用意することと、弾くことを同時にするのは、ピアノを弾くやり方で、ハープでは決してそうしたやり方をしてはいけません。もし、ピアノのようなやり方をしたら、すぐに指が〝トロンペ〟（弦から外れる）して弾けなくなります、と。

♮にしてチューニングしたオクターヴが、♭や♯にすると狂う、というのは、どんなハープにも多少有ります。昔は、良いハープを作る人達がいたけれど、最近は良い人が居なくなり（若い人達が、そういった職人になりたがらないから）、昔のハープより、そうした面でも悪くなっています。と、マダム・ラスキーヌは話される。

弦と指の関係について。

どんな形の指で弦の上にプラッセ（置く）し、そして弾くのか、という問題の前に、まず弦を〝つかむ〟こと。一番近いキョリから、一番無駄な動き無しに、一番自然に。とにかく自分の弾こうとする弦を〝つかむ〟こと。

〝つかむこと〟〝つかむこと〟。がむしゃらでも良い、自分のものとして〝つかむ〟こと。そうすれば自ずと、弦と指に関する問題の答えが、自分自身に解ってくるのではないか。指も手の甲も、弦に最も近く。その形は、とりもなおさず、弾いて折り曲げた指が、又素早く近くの弦をとらえたり、エトフェ（消す）することが出来る。腕は、どの方向へも素早く指が走れるようにして、上げておくこと。

今日のレッスンの中での話。

ボロー先生（コンセルヴァトワール・ド・パリのハープの先生）は、マルセル・トゥルニェのレペットリス（下見の先生）をしていたから、彼の作品はすべて、指使いからエクスプレッション等、心得ていらっしゃる、と。

今日も、レッスンの他に、色々とお話を伺った。

レッスンが終って二人でおしゃべりをしている時。

「Ｃｏｒ・ｅｔ・Ｈａｒｐｅ」のレコードが、プレスされて新しく出るので、エラートから数枚送られてきたのを、コンシェルジュがマダム・ラスキーヌに持って来てくれた。

その中から1枚下さる。アンブラッセ！（ハグ）する。ケースの絵は、マルメゾン。

Ｃｏｒ（ホルン）は、ジョルジュ・バルバトゥで、マダム・ボローの親しいお友達とか。

このレコードに入っている曲はオリジナルで、初めてレコードになりました、とマダム・ラスキーヌは話す。「ほらネ」とおっしゃりながら、レコードジャケットの最後にある文を、ゆっくり読んで下さる。

3月4日（土）、コンセルヴァトワールのボロー先生のクラスの「生徒おさらい会」が、サール・ベルリオーズ（コンセルヴァトワール内）であった。隣りの席の夫人が私に、コンセルヴァトワールの生徒か、誰の生徒かなど色々と聞いた後で、「私は音楽学校のハープの先生だけど――あなたにとって、ディプロマは日本に帰ってから役立つでしょう。私のところで、それをお取りなさい」とおっしゃって、アドレスとテレフォンナンバーを紙に書いて下さる。私のところへ来る前に、マダム・ラスキーヌに話しをするように、とつけ加える。

今日のレッスンで、私はその話をマダム・ラスキーヌに伝え、こう云った。

「私にとって、ディプロマは必要ありません。私は、あなたの生徒になれたことで、とても喜んでいるし、幸福なのです。コンセルヴァトワール・ド・パリのプルミエルプリならば別ですけれど。その他の事は、私は望んでいないのです」と。

マダム・ラスキーヌは、私が是非とも、そのディプロマを欲しい、と云えば、そうさせて下さっただろうけれども、彼女の意見は「エコールノルマルなら、まあまあ……（手の平を動かしながら。フランス人のやり方）、パリにあるのだから。でも、マダム・ニコレスコ（私にディプロマを勧めて下さった方）は、パリのアンヴィロン（郊外）のシャラントンの学校だから」と云い、なるべくならば、私が望まないことを望んでいる御様子。

私が、やっと言葉を見つけて私の意見を云った後、彼女は「ヴ・ゼット・トレジャンティ」とおっしゃり、「あなたの云うことは、良く分かった」と、とても私の意見を喜んで下さった。当り前のことが、当り前に落ちついた感じ。

マダム・ラスキーヌの生徒になれたことは、私の想像の及びもつかなかった程の幸福で、こんな〝マレ〟な幸運は、私の人生にそう幾度も有ろう筈は無いし、多分、一・二をあらそう程の貴重なもの。他の先生や小さな学校のディプロマなど、本当に意味の無いこと。

「でも、どうしてその方は、私にこのような話をなさったのでしょう？」と私。

マダム・ラスキーヌは、「きっと自分の学校にも良く弾ける生徒を記録しておきたかったのでしょう」と、おっしゃる。

良い生徒は、コンセルヴァトワール・ド・パリに集まるのだから、入学年令制限を大巾に過ぎて、受験資格すら無い私に目星をつけられたのだろうか。

「タイユフェールのソナタ」を一番初めに弾いたのは、私です」と、マダム・ラスキーヌ。

先日催されたボロー先生門下のおさらい会でこの曲を弾いた生徒が有り、その話になった時のこと。私が弾いてみたい、と云った時に。

夜の9時頃にスイッチを入れたTVの第1チャンネルに、マダム・ラスキーヌがハープを弾いている大写しの画面が！

３人の音楽家、もう二人は、オーケストラ・ド・パリの中年のヴァイオリニストと、若いチェリスト。

３人に関する日常の色々な場面等を、あちこちにブツブツごったにした、良く表現するならば、関係のあるような無いような色んな画面の唐草模様。しゃれた構成。

番組名は「Les femmes aussi」

マダム・ラスキーヌの演奏。楽屋での様子。あの見慣れた黒い絹の、袖がふくらみ、見頃にキラキラするものが縫い付けられ、胸と背の思い切り開いたドレスを着て、鏡の前でルージュをひいている映像。又、彼女のアパルトマンの自分の部屋で、ハープと窓を背にして、自分のこと、音楽、等を話す画面。私には、そのフランス語が全部は分からない。

演奏旅行の地でだろうか、高い建物の上で髪を風になびかせて大きく息をしているところ。波打ちぎわの向こうから、軽やかな若々しい足どりで歩いてきて大写し。上向きかげんの横顔。

フランス語は、少ししか分からなかったが、とても興味ある番組だった。

レッスンが終った時、「もし急がなければ、もうすぐ小さな子供達が来てハープを弾くから、聴いていらっしゃい」とマダム・ラスキーヌがおっしゃる。

少し待つ。

以前、ユニセフに関係のある家で、フォーレのアンプロンプチュと、ルソーの古いクリスマスの歌ヴァリエーションを弾いた婦人に連れられて、女の子が二人来る。

ルニエの、2台のハープの爲の、可愛らしいやさしい曲（曲名を忘れてしまったが）を弾く。椅子に腰掛けると足が床に届かない。

お互いに相手のパートを良く聴いて弾いている。

マダム・ラスキーヌが、色々と注意なさる。

音の強弱、一寸したフィーリング等々。

最後に、「3回完全に弾きましょう。もし、上手くいかなかったら、又、沢山練習してからいらっしゃい」とおっしゃって、3回、励ましながら弾かせる。子供達が、音をきれいに上手く出せるのを、とてもほめていらっしゃる。

色んな教え方があるけれど、実に音楽を愛している教え方だと、私は思った。

このレッスンはすぐ終って、クッタクの無い少女達は部屋の中をあちこちと、珍しいものを見つけに歩き回る。そして手にとる。

マダム・ラスキーヌはニコニコと、まるでグランメールのよう。

3月13日。ダマーズとパスカルのコンサート。マダム・ラスキーヌは、ダマーズの「フルー

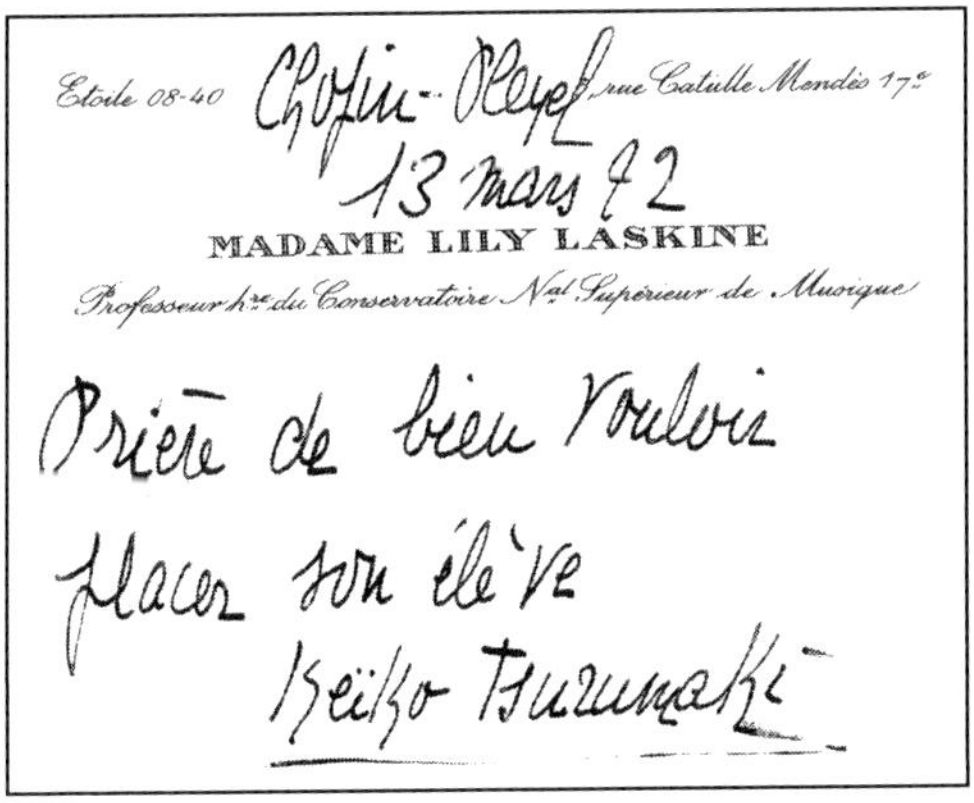
Étoile 08-40　Chopin-Pleyel　rue Catulle Mendès 17e

13 mars 42

MADAME LILY LASKINE

Professeur hre du Conservatoire Nal Supérieur de Musique

Prière de bien vouloir placer son élève Keiko Tsurumaki

誕生日祝いになったマダム・ラスキーヌの招待状。受付けに出すようにと名刺

トとハープのソナタ」を弾くことになっていて、私を招待して下さる。この日は丁度、私の誕生日の日。すばらしい誕生日のお祝い。

但し、フルートの都合が悪くなって、当日はダマーズのピアノ伴奏で彼のハープコンツェルトを弾く。1週間より少なくしか日が無かったはず。

1週間前のレッスンの時には、ソナタが譜面台にのっていて、もしかしたら私に譜めくりを頼むかもしれない、とおっしゃっていた。いくらお得意のレパートリーでも、これは一寸しんどかったに違いない。

いつもの如く、素晴らしい演奏だったが、分からない位に何ヶ所か少し上手くいかないところが有った。

後で、レッスンの日の変更を彼女が電話をしてきた時に、「あの時の演奏、何ヶ所か上手くゆかなかった」とおっしゃる。

人間的な巨匠。

マダム・ラスキーヌの家で今週やるコンサートのメンバーと練習をするので、丁度ダマーズのソナタの１楽章もやるから、どうぞいらっしゃい。アヴェック・プレジールとおっしゃって下さったので伺う。

今夜の練習は、ラモー（ヴィオラ、フルート、ハープ）。

残念ながらダマーズは時間が無くなったので、やらずじまい。「また聴けなかった……」と私が不平を云ったら、フルートのマリオンが、「聴きたい？」と云うので、「勿論！」と私は云った。「では、金曜日の郊外（サンモール）のコンサートに一緒に連れていってあげよう」と云う。４時半にマダム・ラスキーヌの家の前から車で行く約束をしてくれる。

譜めくりをしながら練習を聴き続ける。

フルートのマリオンも、ヴィオラのマダムも大変上手い。

けれどもマダム・ラスキーヌのよく弾くこと！

それだけではなく、すべてにわたって——。

テンポ、曲のエクスプレッション、ｅｔｃ・ｅｔｃ。

格別に、マダム・ラスキーヌは曲の肝心なところを心得ているし、自信も有って、二人の先生格といっても言い過ぎでは無い位。

３人でケンケンガクガクやるけれども、やはりマダム・ラスキーヌの意見に二人は素直に従っている。

いつも一対一で私は常に彼女に従っているとはいえ、他の人達が彼女の意見を尊重し、従っているのを見るのは始めてなので、当然だが、少なからず別の世界を見る思いがする。

帰りは、マリオンが私のアパルトマン迄車で送ってくれる。彼は実に気さくな人。

「フランスにどれ位いるの？」と私に聞く。車に乗り込んだ時、カーラジオを指差して、

「これは日本製だよ」と云う。

彼はオーケストラ・ド・パリと一緒に（メンバーで）日本へ、２年程前に来たそうだ。

「スキヤキはおいしいけど、サシミは習慣の違いだから、食べられない」などと云う。

全くよく弾く」。私は「すばらしい！」と又相づち。「リリーは、とても親切だね」と彼。私は、「とても」と、相づち。「リリーは、ハープを

今夜の練習で、マダム・ラスキーヌと他の二人は「ｔｕ《トゥ》」で話しをしている。二人共、ラスキーヌの子供位の年（40代？）。年令も何もこえて、友達づき合いの「ｔｕ」のよびかけを聞いているのは楽しい。

話が後になってしまったが、マダム・ラスキーヌがマリオンとヴィオラのマダムの二人に私を紹介して下さった時、「フランス語が上手で」とおっしゃるので、「ノン！」と私は強く否定。いつもこの調子。

ただ、ハープを良く弾く、と人前で私をほめて下さる時は、本当は「ノン！」と云いたいのを我慢して困った顔をする。先生が、自分の生徒を人前でほめているのに、当人が「ノン」なんて云うのは先生に悪いもの――。

4時半。マダム・ラスキーヌのアパルトマンの前で待つ。マダム・ラスキーヌとマリオンと、彼の生徒フィンランデーズ（フィンランド人）の女の子が下りてくる。

マリオンの車で、サンモールへ。

マダム・ラスキーヌは、黒のコートに白とグリーンの混った色のスカーフ。手袋は、大分長く使っているので少し変色している白い毛糸のもので、手の甲に花の編み込みが一列に何個か並んでいる。

コートの下は、いつものグリーンと水色の中間色で、リボン編み風な生地のツーピース。靴は、金の細い飾りが甲に付いているいつものもの。

車の中で、マダム・ラスキーヌとマリオンは、音楽の話をさかんにしている。私達二人は、後ろの席で静かにしている。

マダム・ラスキーヌがニホン製のカーラジオのスイッチを入れる。歌が流れる。これについて又、イタリヤ式だの、どうのこうのと二人は話をする。

この曲の後、マダム・ラスキーヌとランパルの「メロディー・ジャポネーズ」が2曲、流れてきたので私はビックリ。マダム・ラスキーヌは、ニコニコとそれを聴いていらっしゃる。曲は「城ヶ島の雨」と、もう1曲。

自分の知っている日本の歌という先入感をなるべく捨てて、新しい曲を聴くように、又、日本のメロディーの特徴を、初めて聴きながらとらえようとする気持で、オートルートを走る車の中で私は耳をすます。

1曲目は、なかなか良ろしい。日本という国には、こんなきれいなメロディーが有るのか、これが日本的なメロディーというのかしら、と。遠くから日本を見つめている気持。

2曲目。とても退屈。確かにきれいだけれど、常に短調で変化に乏しい。日本的な曲というのは、何曲も一度に聴くものではないナ、と思う。但しこれは、つとめて自分を日本人的感覚から離して、全く違った角度から聴いた場合。自分を日本人の中に「どっぷり」つけたら、何曲聴いても、鼻歌混じりで一緒に歌ったりするだろう、などと考える。

曲が終った時、マダム・ラスキーヌは「ケイコの爲に用意された番組だったわね」と。

サンモールのホールでレペティシォン（練習）を終り、マネージャーの人達と、車で少し走った処にあるレストランへ。ヴィオラの人の運転する彼女の車に、マリオンと彼の生徒と私が乗る。きれいな一軒建ての家が並んでいる。

夫々に、家の形や、庭の花や草木に趣向を凝らした通りをいく。けぶったような新緑の木に土手をかざられた川が流れていたりする。

この辺に、モーリス・シュバリエが住んでいた、と誰かが云う。

レストランでは、合計8人がテーブルを囲む。私の隣に席をとったマネージャーが、私に何を食べるか、聞いてくれる。メニューを見ながら「私はマダム・ラスキーヌと同じものが食べたい」と云ったら、彼は私の前のマダム・ラスキーヌに笑いながら伝える。マダム・ラスキーヌは、笑いながら、「トレ・ジャンティー！」とおっしゃる。

時間があまり無いので、皆がオードブル無しで、直ぐにコット・ド・ヴォーにする。つけ合わせの野菜は、ジャガイモのフリットと、ジャガイモをピュレーにしてパン粉を付けて揚げたもの――これはとてもおいしかった。マダム・ラスキーヌは、「これ、おいしいわね」と私に目配せをしておっしゃる。又、彼女は私にワインかお水かとたずねて、お水が良いと云うと、私のグラスに注いで下さる。

マダム・ラスキーヌは今夜、ワインでなくお水。ステーキをほんのちょっぴり。マリオンが、残したの？　と聞いて、そんなら自分が食べる、と彼女のお皿からもっていく。デザートに彼女は、タルト・オウ・ポム。私はグラース。

レストランを出る時、オカンジョウはどうしたら良いですか？　と、マダム・ラスキーヌに伺ったら、コンサート会場のディレクターの奥様（ハーピストだそう）が、私の額の辺りで黒板を消すような手ぶりで、心配は要りませんよ、と示す。私は、お礼を申し上げる。


私達は、コンサートの前に楽屋の椅子に腰かけていた。今夜のマダム・ラスキーヌの衣裳はパフスリーヴで、ヴェストにキラキラするものが縫い付けてある黒いドレス。私は、背中のフェルメチュール（ジッパー）を閉めるのを手伝ってあげる。

プログラムの中にあるラヴェルのヴィオラとハープの曲は、オリジナルか、と私がマリオンにたずねたら、彼は大声でヴィオラの人に「どうなの？」ときく。それを聞いていたマダム・ラスキーヌが、本当は声とピアノなのだけれども、とても良い曲なので色々な楽器の組合わせで弾けるようになっている、と説明して下さる。

マリオンの生徒が（アニアという名前）、プログラムのマダム・ラスキーヌの写眞を見て、とても若い時のね、いくつ位のときなの？　とマリオンに聞く。彼は、いたずらっぽい目をして「シィー！」と云って、笑っている。


帰りの車の中で、マダム・ラスキーヌとマリオンは、今夜のコンサートの演奏についておしゃべり。マダム・ラスキーヌのアパルトマンのあるポルト・シャンペレに着く迄。実にエネルギーのあること！　あれは……で、これは……で、ダマーズの曲で一寸ドロールになって……ｅｔｃ。

ポルト・シャンペレで、マダム・ラスキーヌをおろし、次は私が送ってもらう番。

マリオンは、「マダム・ラスキーヌは決して疲れることはない。全く、エクストラ・オーディネル・ファムだ」と云う。そう云うマリオンだって、とてもタフなのに。彼が感心するのだから、私がすごいと思っている以上にマダム・ラスキーヌは、すごいエネルギーの持主なのだろう。

ダマーズのソナタの譜面で私が、あちこちにミスプリントを見つける。その度に、マダム・ラスキーヌは、困ったものね、という御様子。

しばしば、ダマーズから直接渡された印刷前の楽譜をしらべて下さる。もっともダマーズの眞筆かどうかは、彼女にも分からない、と云って。そして、彼女は「オーケストラでも初演の時には、指揮者が必ず何かのミスを訂正するのよ。もう1世紀も演奏され続けている曲でも、各々が何回となくミスを見つけているものもある」とおっしゃる。

しばしば、彼女は私に云う。

あなたの考える指使いは、自分の長所短所をよくわきまえているので、私はそれを認めましょう。他の人が、自分流の指使いをする場合は、私は正します。理由の無い場合が多いから。でも、あなたのは理由が有って、尤もだと思うから、あなたに限って認められるのです、と。

マダム・ラスキーヌは、指使いにしろ、音楽そのものにしろ、なぜそうなるのか、なぜそうならなければならないのか、なるべきか、理由と表現が理論として実に一体になっている。勿論、私のドアテ（指使い）が全て肯定はされない。考えの浅さや、曲の理解に未熟なことの有る時、彼女は、はっきりと御自分のドアテを私の楽譜に書きこまれる。私のドアテに一理有る時は「私のドアテと違うけれど、あなたが、それが良い方法だと思うならば、そうなさい」とおっしゃる。

又、しばしば彼女のドアテと私のドアテのどちらを取るか、その場で決定出来ない時もある。私が「一人でやってみて、自分で決めたい」と云うと、「よく考えてお決めなさい」とおっしゃる。

ダマーズの次には、ラヴェルの「アントロデュクシオンとアレグロ」をやりたい、と私が云った時、マダム・ラスキーヌは、「とても良い弾き方のドアテを教えてあげましょう」とおっしゃる。

彼女から、どんな素晴らしいことを教われるのか期待が大きくて、とても嬉しい。

ラヴェルと一緒に撮った写真が有るのよ、あなたに見せなかった？　今度、捜しておいて見せてあげましょう、とおっしゃる。

明日レッスンなので、まだ譜読みの段階だけれどもマダム・ラスキーヌの「アントロデュクシオンとアレグロ」のレコードを聴く。

何と素晴らしい演奏！　ブワッーと熱に当てられたような気持になってしまう。

彼女の持つ心の素晴らしさが、音楽を通じて、ハープという楽器を通して、とても強く私の心を打つ。涙が出る。

マダム・ラスキーヌに「涙が出る程、心を打たれてしまった」と申し上げたら、きっと「まあ！」とおっしゃって、何と可愛らしいことを云うのでしょうという顔をなさり、お笑いになることだろう。1938年演奏のレコード。フルートはモイーズ。クラリネットはドレクリューズ。それに、カルヴェ弦楽四重奏団。この人達の演奏は、とても素晴らしい。

ラヴェルのこの曲を直接マダム・ラスキーヌから教えて頂けるのは、本当に幸福。

私が、どの程度やれることか、又、彼女がどんなことを教えて下さるのかしらと、大きな期待と不安。

5月1日。休みの日なのだけれども、レッスンをして頂く。

ミュゲ（すずらん）の小さな花束をプレゼント。レッスンの前にマダム・ラスキーヌは、ガラスのコップにさし、部屋に飾って下さる。

「これで1年間、ボンヌァール（幸福）にくらせるわ」とおっしゃりながら。


ハープの椅子に腰掛けて、弾く前に私が「あなたの洋服は、とてもきれいですね」と云ったら、「これは、形も色も私はとても気に入っているんだけど、どうしてかシワになり易くて二日しか着れないのよ」と裾のあたりを摘んでおっしゃる。グリーンとブルーの中間の明るい色で、ノースリーヴ。やわらかいコットン生地。そして、そのお返しに私の透けるナイロンのパフスリーヴの袖を摘みながら「とても可愛らしいわ。こちらで買ったの？　そう、日本製……？」とおっしゃる。

サンモールでのコンサートのレペテシォンをマダム・ラスキーヌの家でやった時のことを、もう一度。

練習中、ハープの音がフルートやヴィオラと合っていないとマダム・ラスキーヌは云いながら、音叉をゴンとハープの胴に打って鳴らしていらっしゃった。私はビックリ。私は、自分のハープを宝物のように大切にしすぎているけれど、きっと、それでは「私と楽器」は親しくなることが出来ないだろうと、ふと考える。但し、音叉をハープに打ちつけるのは、何台もハープを持っているマダム・ラスキーヌにして出来ることで、あまり褒めたことでは無いと思うけれども。

日本は湿気が有るからと、ハープにカヴァーを被せている人が多い。
マダム・ラスキーヌのように（もっとも、ボロー先生もそうだし、私の借りているハープにカヴァーは付いてこなかったからムキ出し)、カヴァー無しにしておくのが、いつでも弾けるし、ハープの美しさを常に見ることが出来て、良いことだと思う。楽器を大切にするのは大切なことだけど、大切にするあまり、よそよそしくするのは、「大切」さの順を間違っていると思う。

自分の道具にしてしまうこと。使いならすこと。親しくなること。身内になること。いつもマダム・ラスキーヌの、ハープの扱いを見て感じさせられるのは、こういったこと。

今日のレッスンの後、家に帰って一息ついている時にフッと頭に浮かんだこと。

ハープを弾くとき、その曲に自分が密着してしまわないよう、適度の間隔を保つこと。自分と曲の存在を、すこぶる好意的にする爲に必要なことだと。もし密着してしまえば共倒れになるから。

常に他人の耳を持って自分の音楽を聴くこと。同時に、自分の内なるものを充分に出すこと。

マダム・ラスキーヌが常に「その音を聴いて！」と、今弾いたばかりの和音の中の、弦1本を指差しておっしゃる場面を思い浮べながら。

18曲入っているボクサのエチュードは、もう出版されていない。他のエチュードは出版されているが。

「とても可愛い曲集で、ディジィのエチュードのように頭を使わなくて済むので、やりましょう」と、古い楽譜本を1冊借して下さる。（帰りに店でコピーしてもらう。48ページ。1枚1フラン）

今日の確認。

右手は、弾いた後、必ずフェルメール。
左手は、手首を常にやわらかく、手首を回しながら弾く。
特に分散和音の時、上り下り共。
これは非常に大切なことだから、常に注意を怠らないように、と。

先日のヘンデルのコンツェルトのレッスンの時、マダム・ラスキーヌが、自ら楽譜のページを開いて下さる。

お借りしたボクサの18のエチュードを譜面台に置いた時、彼女がパラパラとそれを開いたら、私がずっと前から探し求めていたヘンデルのコンツェルトの「インストルメント・ア・コルド」の譜の書きつけが出てくる。何軒も楽譜屋をあたったけれども無かったものだ。

私が「これは――」と云ったら、彼女はその紙片を見て直ぐに御自分の譜面を借して下さる。コピーするように、と。

彼女は楽譜を大切にしている。なので、やたらに借して下さいとは云いかねて、私は自分で探していた。ラッキーな偶然となる。

これはオリジナル、とのこと。ロンドンのビブリオテックの楽譜から写したものだ、とおっしゃる。

コンサートで弾くときは、1楽章と3楽章は、この譜面を使い、2楽章はグランジャニーの編曲した譜面を使うように、と。

理由は、1楽章と3楽章にグランジャニーは色々な音を沢山加え過ぎているから。2楽章は、カデンツもきれいで、グランジャニーはとても良く書いているから、と。

レッスンで、ダマーズのコンツェルトを弾く前に、この曲の色々な個所について用意しておいた質問を沢山する。マダム・ラスキーヌは心良く答えて下さる。いつも、こう弾く

のはこういった理由からだと、必ず意味を持って演奏をするようにと、おっしゃるけれど、弾く前に細かく知識だけの質問は、あまり好ましく無いように私には感じられた。

何か証拠が有る訳では無い。マダム・ラスキーヌが少しでもほのめかしたりは、さらさらなさらないけれど私はそう感じた。

まず、音でやってみなくては。口で音楽を作り上げたりは出来ないのだから。

これが、口だけで教えることと、音をもって教えることの違いか。考える。

分散和音。上る時の右手。
日本風表現なら、クルッと回してカマをひっかけるような動き。
これは、非常に大切なことで、こういう風に弾くと分散和音上りは、たやすく弾ける。
もし、手首、指を固定したままならば（そうしている人が多い）、上手く弾けない。

この方法は、若い時に見つけられなくて、ずっと後になってから発見した方法だとマダム・ラスキーヌはおっしゃる。

ダマーズのコンツェルト、34ページのハープのパッセージで。

これは、とても弾きにくい形。このような形がチャイコフスキーの「くるみ割人形」の原譜の中、花のワルツのカデンツとして有るが、その通りに弾くと全然きれいでなく弾きにくいだけだから、右手から左手への分散和音にするのが良い（多くは、そう弾いているが）。こうすると弾きやすくて、うつくしい。

勿論ダマーズのこのパッセージは、これ以外の弾きようは無いが……と彼女の話。

ドゥビュッシーのダンスについて。

「この曲が、クロマティックハープで弾かれるのを、お聴きになったことがおありですか？」と質問する。

「昔は、コンセルヴァトワールにクロマティックハープのクラスが有ったし、とても上手に弾いた人のを聴いたことがあります。ピアノのように、何の無理も無く弾けるので、メルヴェイユ（素晴らしい）でした。ただ、音の響きがモワン（少ない）」とマダム・ラスキーヌはおっしゃる。

この夏のヴァカンスの間に、３つもコンサートがあって、切れ切れのヴァカンスだったとか。

マダム・ラスキーヌがとって下さったランデヴー（約束）で、ドゥボス家に伺った。そこでパスカルが、彼のハープコンツェルトのオーケストラパートをピアノで弾いて私のハープと合わせて下さる。

お礼に、私は手紙と花束を送った。

その後、パスカル夫人から手紙を頂いた。

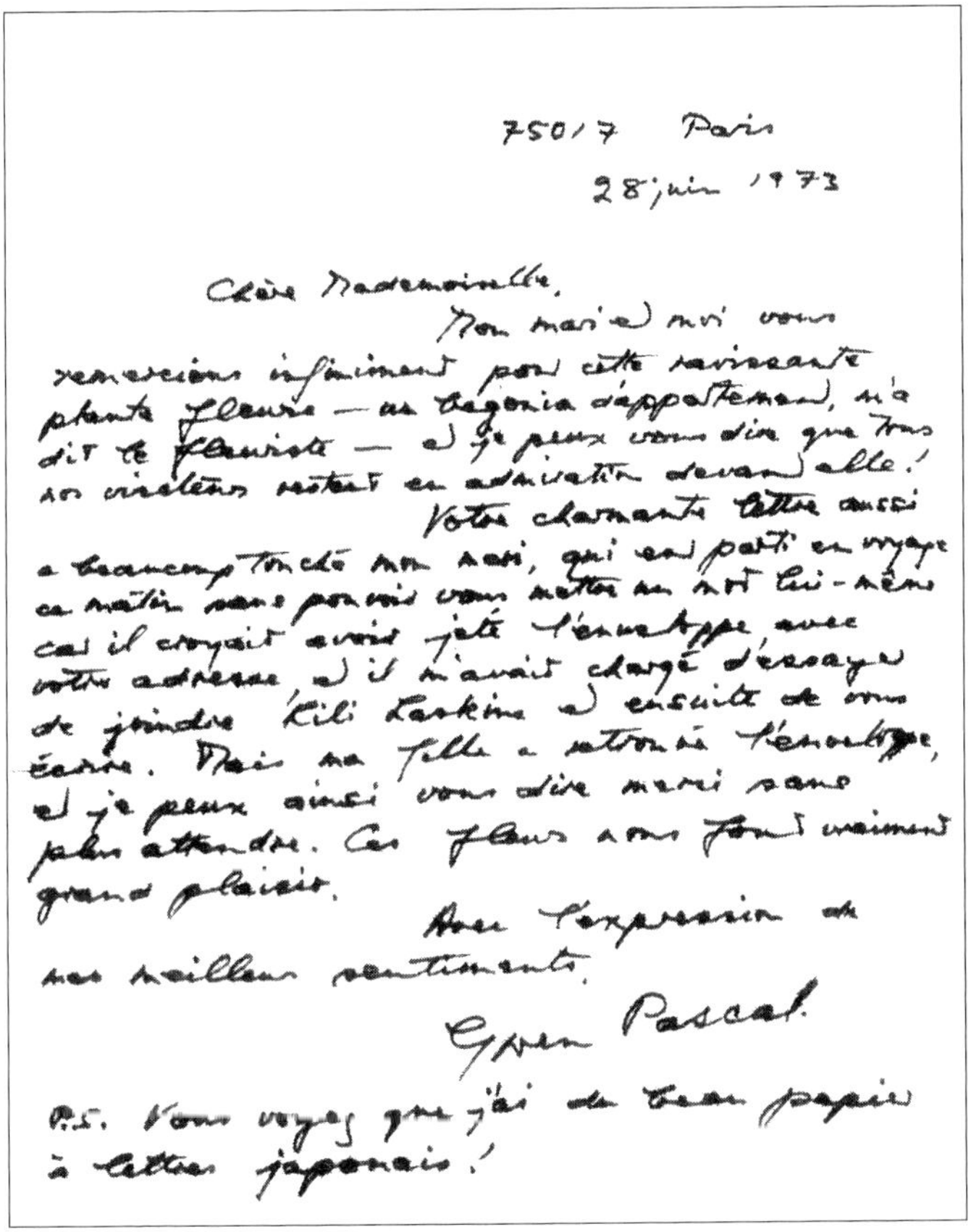

75017 Paris
28 juin 1973

Chère Mademoiselle,

Mon mari et moi vous remercions infiniment pour cette ravissante plante fleurie — un bégonia d'appartement, m'a dit le fleuriste — et je peux vous dire que tous nos visiteurs restent en admiration devant elle!

Votre charmante lettre aussi a beaucoup touché mon mari, qui est parti en voyage ce matin sans pouvoir vous mettre un mot lui-même car il croyait avoir jeté l'enveloppe avec votre adresse et il m'avait chargé d'essayer de joindre Kili Laskine et ensuite de vous écrire. Mais ma fille a retrouvé l'enveloppe, et je peux ainsi vous dire merci sans plus attendre. Ces fleurs nous font vraiment grand plaisir.

Avec l'expression de nos meilleurs sentiments.

Gwen Pascal.

P.S. Vous voyez que j'ai du beau papier à lettres japonais!

パスカル夫人からの手紙

# 第3章　日本の友人に出した手紙より

滞在2年目から。マダム・ラスキーヌに関する文章だけの抜き書き

昨夜は、サール・コルトーでマダム・ラスキーヌと待ち合わせして、コンサートを一緒に聴きました。

前と後に、ルノー・フォンタナローザのセロソナタがあって、間に、マリエル・ノールマンが、ソロを沢山弾きました。

フォンタナローザは、マリエルの義弟だそうです。

マリエルの弾いた曲目はハープのレパートリーの中では、そんなに難しいものばかりでは無いけれども、音楽というのは易しい難しいと全く関係無く音楽であるべきで、マリエ

ルは本当の音楽家です。

今迄多くの人のコンサートで、ハープの演奏を長い時間聴いていると退屈しましたし、ハープ音楽はそういうものだ、と思い込んでいましたが、彼女の演奏を聴いていると惹きつけられてしまい、もっともっと、いつまでも聴いていたいと思うのです。彼女は、マダム・ラスキーヌのように、すごいハーピストです。もっとも、マリエルはマダム・ラスキーヌの生徒なのです。

そんな才能の有る人をみていると、いくらやっても、なかなか上手くならない私など、ハープを投げ出したくなってしまいました。

でも、涙をのんで、今日はハープにしがみつくようにして練習をしました。

マリエルの演奏を聴いて、音楽は、建築や彫刻の要素も有るのではないかと思わされます。楽譜は設計図で、どのように組立て作りあげるかが演奏家の仕事。大変な力量の要ることだと思うのです。但し、こう考えさせる演奏家は、どの楽器の分野でも多くはないように思います。でも、マダム・ラスキーヌの演奏を聴いている時は、すべてが満たされたその後の、神の息使いのようなものまで聴こえるのです。

素晴らしい演奏家が同じ曲を弾いても、内容が夫々異なるのは、夫々に素晴らしく、良いものは、たった一つでは無いということです。

私の隣りの席にマリエルのママンが居て、（マダム・ラスキーヌが紹介して下さいました）少しおしゃべりをしました。

ママンは「私はハープを、６ヶ月弾いてみただけよ」と云っていました。

マリエルは、この前のコンサートと同じロングの黒いシュミーズドレスで、素足にサンダル履きでした。ペダルの爲に良いのではないか、と思いました。

終ってから、マリエルに「トレビアン」を云いに行きました。

木村さんが日本でコンサートをなさった由。彼女も良くやりますね。

多分、かなり苦労なさるはずでしょうけど、何だか何事もなくやってしまうみたいで、こんなに苦労している私はもう、絶望的になってしまいます。
ハーピストの活躍は、パリより東京の方が多いように思います。

先日のレッスンの時に、マダム・ラスキーヌが、どこか地方のコンセルヴァトワールから楽器を選ぶのを頼まれて、エラールやサルヴィのカタログなどの写眞を集めた、と見せて下さいました。サルヴィは、ハンレーに行って資料を貰って来たそうで、全部の写眞が揃っていました。

それによると、「ディアナ」は、私が思っていた通りの型でした。マリークレール・ジャメが弾いていたのもディアナのようでしたし、コンセルヴァトワールにあるのも、それです。一番実質的みたい。というのは、共鳴胴がこの型から舟底型になっているのです。これより安いのは直線型になっており、これより高い値段のものは、装飾にお金がかかっているようです。私が買う時はディアナが良いな、と思いました。

日本製のハープについてもマダム・ラスキーヌは話していらっしゃいました。

昨日、マダム・イベールを訪問して、1時間程コンサートの打ち合わせや雑談をしてきました。彼女は、亡くなられたジャック・イベールの奥様です。

8月30日に30分程、マダム・イベールのアトリエで弾きます。彼女は彫刻家で、広いアトリエには沢山の完成した作品や、まだ制作中のものが有りました。彼女は夫イベールをとても愛していて、彼の話題がよく出てきました。彼がローマ賞を取った記念のメダイユ（メダル）は、彼女が制作したそうです。

彼女は定期的にコンサートを主催し、私はその31回目。マダムのおっしゃることには、ラジオやテレビ関係の人達も来るとか。いづれにせよ、又、ほんの少ししかない力をふり絞って全力でやらなければいけません。

今回は日本人ばかりで組むプログラムなのだそうです。イベールの曲を必ず1曲は入れることと条件があります。

夏休みにお母ちゃまと過す計画は、少し早まったかも知れません。でも、もう仕方ないですけど。時間と体力の使い方をどうしようか、恐い気がしています。パリに来る計画をとても喜んでいるお母ちゃまの様子を思い、両方、出来る限りやらなくては、と悲壮な決心をしています。

さきおとつい（11日）は、コンサートの日。

朝は5時から目が覚め、胃がひっくり返って喉元まで上ってきたように吐き気があり、非常に悪い精神状態でした。

朝、マダム・アースのところへ、レペティシォンに行き、午後、フルートの白井さんと、そのお友達アメリカ人のパットの作ってくれたお昼御飯をごちそうになりました。

帰って来て昼寝をしようとしたのですが、どうしても眠れません。3時間程ベッドに横になっていましたので、体さえ疲れていなければ、まだ何とかマシにいけるのではないか、と空ダノミをしていました。

6時頃支度をし、しっかりと夕食をおなかにつめ込んで外へ出ました。そのへんから何だか気分が少し楽になって、タクシーの運転手さんとおしゃべり等をして行きました。

「今日は、私のコンサートだから、成功するように祈ってネ」と云ったら、むこうは色々言葉をつくして私を励ましてくれました。

「コンサートで弾くというのは、一種のコンペティションだから、気を大きく持って呼吸を整えて充分力を出すように」なんて！

とてもワカッているのです。うれしくなっちゃった……。

そのかわり降りる時に、又会いたい、なんて云われ、私は、もうヴァカンスで発ってしまうから、と、一寸断るのに苦労しました。

最後のレペテ（練習）でかなり気分も良く、どちらかと云うと幸福な感じさえして――

朝からのあまりの気分の悪さに、とうとうイカれてしまったのでしょう――白井さんに、今のはとても楽しそうに弾いている、今迄で一番良いと云われました。

　そして、ゴタゴタと雑用が有って夜の9時に本番。

　いったい、今日はコンサートの終り迄体も頭も持つかしらとキョウフさえ感じて、気が狂いそうだったのに、まあまあ上手くゆきました。私自身の評価は、大成功といわないまでも客観的には大成功で、アンコールまで弾き、マダム・ラスキーヌ、マダム・アース、マダム・イベール、他いろんな人に良かったと喜ばれ、ほめられ、握手をされました。

　今日は午前中ゆっくりして、午後、日本の品を置いている店で琴の形をしたオルゴールを買い、マダム・ラスキーヌのところへ、それを持ってコンサートのもろもろのお礼を云いに伺いました。

　マダム・ラスキーヌは私のことを、とても喜んで下さっています。自分の生徒が良く弾くと、やっぱり先生も色んな人に称讃されるらしいです。彼女も他の人々に、あなたは素晴らしい先生だ、と云われたと喜んでいらっしゃいました。

まず、いつものようにアンブラッセ（ハグ）の御挨拶をして部屋へ通りました。「まあ腰掛けなさい」とおっしゃったので、「まずその前に……」と私は改まって先日のコンサートのお礼を申し上げ深くおじぎしましたら、彼女は椅子から立ち上り「あなたの感謝を喜んでアクセプトします」と、ニコニコしておじぎを返して下さいました。

そのうちにフルートの白井さんが、マダム・ラスキーヌにプレゼントする花束を持って来て、３人でおしゃべりをしました。

私のプレゼントは、「赤とんぼ」（それしかなかったから）が入っているオルゴール。彼女は、とても喜んで下さいました。

あなたのレコード「メロディー・ジャポネーズ」に入っている曲です、と説明しました。いつものように、「プレゼントに気を使うなんて、あなたはベティーズ（悪い子）だ」とにらむまねをされましたけど。

そのコンサートではマダム・ラスキーヌのハープをお借りしたので、使用料をお伺いしたら、とんでもないと全然とって下さる話にはなりませんでした。仕方が無いので、彼女の御好意をうれしく頂くことにします。

運送料は、マダム・アースが多分払ってくれるでしょうが、払ってくれなければ、私の方に話しますから、ということだけ伺ってきました。

その後、私はオペラ通りの「富士」に行ってスキヤキ肉を買い、夜は白井さんと、デュエットの時に譜めくりをしてくれたパット、白井さんの和声の先生と４人で、スキヤキをしてお祝いをしました。

今日のヒンデミット。プティ・コワン（ちょっとした個所）に色々と注意をもらいましたが、「先日のコンセルヴァトワールの人達より良いくらいだわ」だそうで、「私がコンセルヴァトワールの先生で、あなたが生徒だったら本当に面白いことになったでしょうねぇ」ですって。

「勿論エトランジェのクラス（外国人向け別枠のクラス）ではなくて。そのクラスはコンクール（卆業の）を受けられず、ただレッスンだけだから面白くないけど、本当のクラスで。22才迄の年令制限が有るのだけれど……」とおっしゃるので、「パ・ポシブル（不可能）」と、一寸オーヴァーにガッカリした様子を私がしたら、「ま、がっかりすることは無いわ。私も、もうコンセルヴァトワールの先生をしていないのだから」とおっしゃるのです。

私達の関係が、もっとはやい時に有ったらという気持を持っていらしたのだと思います。もし、私がコンセルヴァトワールのプルミエルプリを取って、どこかのコンクールを受け何かの賞を受けられれば、どんなに素晴らしいかとでも思っていらっしゃるのでしょうか。私はバカではないし、いくらか利発なほうだと自分で思っているのですが、と云って、非常に優れた範ちゅうには入れない能力の持主だけれど、コツコツやる能力だけは有るのです。それと、いくらか感覚が鋭くてポエティックな性格だと思っています。

しかしマダム・ラスキーヌに、これだけ云っていただくために私は優れた人達がする苦労の何十、何百倍のシンドサを味わっているのです。あえて努力とは云えません。だって、ネムタイのツカレタだのと、出来るだけのことはやっているつもりでも、他の人に比べたらまだ足りないのですもの。それ故に本当に私にとっては大変なことなのです。

今日は疲れて手がフガフガ。

十日間さらう日を作って、昨日と今日の二日続きでレッスンをして頂きました。

二日でプログラムの曲を全部見ていただいたわけです。一寸変ったやり方を、今回はしてみたのです。

１週間に１度のレッスンに、プログラムの半分位ずつでは（１回のレッスンで全部を、マダム・ラスキーヌがとてもやれないので）、見て頂くつもりの曲に重点がいって、それは悪いことでは無いのですが、残りの方が手薄になってしまうのです。シーソーゲーム状態です。

今回のやり方は、そう悪くないみたい。

全体にバランスがとれてきます。

次のレッスンも、こんな風にお約束をして頂きました。

色々なコワン（個所）に、いくらかずつ注意を要するけれども、全体としては「サヴァ、サヴァ・サヴァ」（まず上手くいっている）なのですって。これは、大したことなのです。この私にとっては。「サエラ（まあまあ）」じゃないのです。

マダム・ラスキーヌは私のコンサートについて、ボク（沢山）考えて下さって、なるべく沢山の人に聴いてもらえるよう、なるべくお金のかからないようにと配慮していらっしゃるのだそうです。上手くゆくと良いけど。ダッシュする前の凝縮した状態に私はいます。

誰かとジョイントで、とマダム・ラスキーヌは先日おっしゃっていましたが、今日は「マルウールーズモン（悪いことには）、あなたが今やっている曲のレパートリーで一つのコンサートが出来るから、一人でやった方が良い」と、マルウールーズモンを楽しそうにおっしゃるのです。

「あなたは大きなことをしようとしているのよ。マ・ポーヴル・プティト！（私の可愛いおチビさん）とマダム・ラスキーヌは、非常に愛情のこもった調子でおっしゃるのです。

本当に、私にとって「トゥロ・グランド・ショーズ（大変すぎる）！」なことです。

今日はレッスンの日でした。

ダマーズとラヴェル。ほんの薄紙一枚分位マシになったかナ。マダム・ラスキーヌの「エパタン（素晴らしい）！」も、少しずつ多くなっていってます。でも、ひどく神経を使って毎日良い状態を（曲との関係に於て）保っていないと、すぐガタガタになるので、なさけ無いというかシンドイというか。皆こんなものかしら。私だけだったら、何という身に余るシンドさにしゃぶりついていることでしょう。

「あなたにとってサルヴィのサンフォニーがどんなか、今日は用意をしておいたわ」と。

いつも弾く楽器の置いてある窓際に、すでにサンフォニーが置いてありました。

エラールに比べて高音の弦が短かいです。

それに、弦の位置全体が同じ椅子の高さの時に前方に行くので、一寸カンが狂います。

ただ、慣れない爲に弾きにくいのが大きいのでしょうか。

1頁程弾いて、私の目が習慣的にいく弦の位置が違い、音色も違って弾きにくいので、「別の楽器エラールにしましょう」と楽器を代えて下さいました。この楽器は、私がルエ（借りている）しているものと同じで、弾き易く、音も大きく、音色も聴き慣れているので、この方がずっと良いと思いました。「サンフォニー」と「エラール」に関しては、私はエラールをとります。「ディアナ」はどんな具合かしら、本当に気になります。

マダム・ラスキーヌは、このサンフォニーを買うかどうかを迷っていられたようで、私が弾いた感じ、音などを聴いて、「多分返すかも知れない」などとおっしゃっていました。

勿論、他の人達にも色々と聞かれた様子です。こんな具合に楽器を選べたら良いのに。

帰りは、ポルト・マイヨーに、モンパルナスの新しいビル位の（よく似ている）ものが出来て、その中に大丸がパリ店を開店したという通知がきていたので、フウトウを持って「粗品」を貰いかたがた見に行ってきました。

日本で買う値＋雑費の合計を考えてみても割と安い値で良いものがあるようでした。

日本の食品もありました。私の好きなナットウコブは無いけど、他に食べたいものは皆ここで間に合う程です。ダイフク、ギョーザの皮……ｅｔｃ。ナメコの缶詰20フラン80サンチーム。

あなたが送って下さった新潟せんべいまであるのよ。同じ大袋で10フラン10サンチーム。

帰ろうとしたら、三浦さんにバッタリ会いました。彼女も今日はレッスン日で、ボロー先生のお宅から「粗品」を貰いに回ったんですって。

二人共レッスンが済んだ日なので、おしゃべりをしながらエトワール迄歩き、ワグラムへ曲ってヒロタ（シュークリームの）で抹茶とおダイフクとカシワモチを食べました。

この前、ダマーズのペダルの使用等を教えてもらったお礼にと彼女は云って、ごちそうをしてくれました。

７時頃、エトワールからメトロで、ノートルダムの近くの中華料理店へ。12フランのメニューを食べました。これはワリカン。

お互いによくつきあったものでしょ。今迄になく色々とおしゃべりをしました。

彼女の話によると、彼女の楽器には、フランスのものやピラストロ（日本では、ほとんどこれを使っている）より太いライオンヒリーの弦を使っているのですって。

ライオンヒリー社は、23型のことも考えて弦を太めにしているような気がします……。

何日か前、オランダのハーピストが23型で弾いたコンサートを聴きに行って来ましたが、やはり全体に大きな音で、低音はマイクを入れたように良く響いていました。ホールの関係も有るのでしょうが、それにしてもです。

三浦さんの楽器でも太目の弦を張ると、かなり良い音が出るそうです。但し、上の方の弦はフランスのだそうです。


今年もとうとう先月末から、爪に割れ目が出来てしまいました。そのままならば少しの間弾かずに、今頃ニースで日光浴が出来るのになあと太陽にあこがれてしまいます。

そうも出来ないので、昨年マダム・ラスキーヌに頂いた割れた爪を補強するエナメルのようなものが、大変役に立っています。マダム・ラスキーヌも爪が割れることがあるのですね。

そのエナメル状のものが大変役に立って、少しも問題が無いので、毎日いつもと変らずにハープを弾いています。

今日はレッスン。ぎこちなくも、何となく格好がついてきたような、こないような。ある時は何とかなりそうな気がしたり、ある時は絶望的だったりします。マダム・ラスキーヌは、あなたはよく勉強する、と褒めて下さいますが。「エパタン！」とおっしゃり、自分一人で解釈したの？　それとも誰かに？　などとおっしゃる個所もあり（勿論、私一人で作ったのですけれど。マダム・ラスキーヌの教えの中から）。太った人が歩くみたいに重たい、などとおっしゃった個所もありました。重たく弾きたいわけではないのですが、手が動かないの。

何となく気がイライラして落着かないこの頃です。お天気の具合も良くないので、能率が落ち気味ではないかと思います。

もう少しの辛抱をやってみるつもり。

レッスンの帰りにデパートへ寄って、コンサートに着るドレスの入るナイロンの長い洋服カヴァーを一つ買いました。どうして今迄気が付かなかったのかしら。こんな遠回しの方角から自分を抜き差しならぬようにしていくつもりです。それに、欲しいものを我慢するのは、特にこの際良くないので。フラストレーションの解消です。

「一寸休養をおとりなさい」とマダム・ラスキーヌのおっしゃるように、何だか、とても疲れています。でも考えてみれば、いつだってこんな調子だったのですものね。もうパック（復活祭）がすぐ隣りまできています。恐るべし。日を確める勇気もありません。パックが終ったら本当に「やらなくては」いけないのですもの。頭を低くして何も考えず、ひたすら1小節ずつ頭にやき付けて、気持を研かなくてはいけません。

2日に、ガヴォーホールでコンセルヴァトワールのボロー先生が、ウーヴラドス・オーケストラのメンバーと、ラヴェルの「アントロデュクシオンとアレグロ」を弾きました。ボロー先生にしても、最も才能のあるハーピストのお一人なのに、マダム・ラスキーヌとは雲泥の差です。

マダム・ラスキーヌの演奏は「音楽」として心を打つものがありますが、ボロー先生のは「ハープ」が聴えてくるのです。上手く弾いているなぁ、だけど、ハープってすごく難しい楽器なのだなぁ、と感じさせられるのです。

はっきり言えば、非常に上手なところも有り、あまりうまくゆかないところも有りで、全体としては、ひどくあがっていました。

これはボロー先生が下手なのでは無くて――むしろ上手だと云わなければなりませんが――マダム・ラスキーヌが、すばらし過ぎるのです。マダム・ラスキーヌの才能は、あまりにも人間的とは云いかねるように思います。普通、人間はあんなに素晴らしい演奏を出来るものでは無いと思います。神が、気まぐれを起して特別にすごく上等に作り上げた才能、という感じがします。マダム・ラスキーヌ自身も、こんな風に思っていらっしゃるのではないかしら。だから、てらいも威張ることも無しに全く無邪気に「ええ、私はヴィルテュオーズよ」とおっしゃることが出来るのです。

マダム・ラスキーヌの素晴らしい点はもう一つ、自分の才能をはっきり知りながら、凡人の苦労もよく理解できることです。普通、少しだけ人より才能の有る人達は、案外凡人の並々ならぬ苦労を理解するのが出来ないように思います。

話は一寸それましたが、元に戻すと、ボロー先生の演奏を聴いて色々なことを考えさせられ、すっかり肩を凝らせて身体の調子を自分でコントロール出来ないままホールから出たので、それ以来カゼをひいてしまいました。いつも風邪をひくのは、興奮したり緊張したりして外気の寒さを感ずることが出来なくなる時なのです。身体の調子は別に、そんなに悪くないのですが、鼻水が出て目がうるんで、ものを見るのがうっとうしくなります。

で、風邪薬をのんでからこの手紙を書き出しましたが、薬が効いてきたらしくとても眠くなりました。

5日に、今年初めてのレッスンが有りました。

ハープの方は、まあまあ予定通りにマルシュして（進んで）います。それ以上で無いところが、残念。マダム・ラスキーヌは、よく弾けるようになった、と喜んで下さり、可愛がって下さいますが。

レッスンの後でチョコレートと、もう使わないから良かったら着て、とジレーを下いました。金のラメとブルーのきれいな模様の襟ぐりのグッと開いたジレー。一寸細めにつめて、いつかコンサートで着ようと思います。

尊敬している人の使った着るもののおさがりの嬉しさを、身にしみて感じています。

3日間、平均8時間の練習をしたら、4日目の今日ダウン。4時間しかさらえませんでした。お掃除をして少し休み、御飯を食べて又ハープにとりついたら、だるくて熱っぽくて吐き気がして、気力も抜け能率が全く上らないのです。こんな状態で練習をするのは弾くことに苦痛を感ずるよう強く印象付けてしまい後々迄良く無いので、すぐ止めました。

8時間さらうのは、さらっている時も、その後も、とても疲れますけど、少ししかさらえない日は、もっとバテています。とにも角にも8時間やれるのは、それだけ体力が持つことですものね。最高のコンディションを作らないと全くダメです。

今日なんか、ハープの練習をやめてからベッドの上へのびてしまい、夕食を作るのも億劫です。

おとついのレッスンで。その前のレッスンの日に頂いた白いネグリジェのお礼を、マダム・ラスキーヌに云いました。そして、それを結婚の夜迄とっておくつもり、と私が云いましたら、彼女はマァッ！　という顔をなさり、光栄だわとか何とかゲラゲラお笑いになって、とても嬉しそうな、楽しそうな御様子でした。

二人で目を見合って笑ってしまったのです。

その日のレッスンには、ダマーズのソナタ、ヒンデミットのソナタ、ラヴェルのアントロデュクシオンとアレグロ、ハイドンの主題によるファンタジーを持って行ったのですが、ダマーズとヒンデミットの2曲をみて頂きました。

やればやる程、マダム・ラスキーヌの「ジェ・ケルクショーズ・ア・トゥ・ディール（あなたに云うことがあります）」が有って、すごく磨きに磨かれる感じがします。

この頃、やっとマダム・ラスキーヌのレッスンにたえるだけの生徒になったように思われます。レペットリス（下見の先生）も無しに、よくまあ、モタモタすることも多い私を今迄コンスタントに見て下さったものだと、感心もし、申し訳ない気持になったりします。パリの生活に慣れるのに必要だった一年目を除けば、その後、私としては出来る限りの勉強をしたつもりですけど、マダム・ラスキーヌの生徒に（全く本当の）なるのは、一寸やそっとでは出来ないことだと思います。

ダマーズのソナタも、プログレ、プログレ（進歩）でほめられたのですが、ヒンデミットのソナタを「よく理解している」と、彼女はとても嬉しそうにほめて下さるのです。曲を理解するって、どんなことなのか分かるでしょうか？

フランスでは、コンセルヴァトワールの先生になるにはテストが有って（沢山コンセルヴァトワールが有ります）、それに受かると順番のリストに載るのだそうです。そのテストの今年の課題曲がヒンデミットのソナタ、なのだそうです。もう1曲は、自由選択。すでに何人かが、マダム・ラスキーヌのレッスンを受けに来たそうです。

ある人は、まだドアテ（指使い）をさがしている段階で、「これはもうダメよ」などと彼女はおっしゃるのです。２月の末にテストが有るとか。

またある人は、（オーケストラ・ド・パリのハーピストとおっしゃっていました）とても良く弾くんですって。だけど、弾くだけで一寸も曲を理解していないから、マダム・ラスキーヌがいくら何かを云っても良く分からないのだそうで、彼女、いっぱい文句を云っていました。私がそれを受けたら、きっと面白く良い結果が出るだろうに、などとおっしゃるのを聞くと嬉しく思います。マダム・ラスキーヌは、そのテストのジュリーの一人なのだそうです。

私はヒンデミットの曲はやはり名曲だと思います。音楽に関する諸々の作曲家の総ての曲からの対比でも、一級品だと思いますし、レパートリーの多くないハープの分野では、最も重きをなしている曲の一つだと思っています。

トゥルニエのコンクールの時（私がパリに来た年にガヴォーのホールであった）の課題曲の中の一つに、このヒンデミットの曲も有ったそうですが、ジュリーの中で「面白く無い曲だ」と云った人がいたとか。マダム・ラスキーヌは私に「どう思う?」と尋ねましたから、「とんでもない。すごく良い曲です」と云いましたら、「私もそう思うわ、全く！」とおっしゃいました。

理解しないで弾くのは、曲を退屈でつまらないものにしますから、そういうのが多かったのでしょうか。その時、私は弾き手は弾き手としても、ジュリーの誰が面白くないと言ったのか、一寸興味があります。

さて、今日は日曜日。さっきレッスンから帰って来ました。

今日はお天気も良いし、頭の中は詰まり切れない程詰っているしで、暗い穴の中のメトロに入りたくなかったので、環状バスでポルト・ド・ヴェルサイユ迄行き、それからメトロに一駅乗り、コンヴェンションで降りてフラフラウィンドウショッピングをし、サンランベールの教会に寄りました。この教会の入口には求人のアヴィ（書き付け）がよく貼ってあり、いつも興味を持って見ています。

どんな仕事がいくら位で、とか。

家に帰って待望のモズクコブと御飯を一杯食べ、部屋着に着替えサックドクシャージュ（寝袋）に包まり、ベッドにひっくり返りながら、お見合写眞よろしくサルヴィのハープの写眞を見ていましたが、ようやく疲れがとれましたので、これを書きはじめました。

マダム・ラスキーヌのレッスンの都合は、明日の午前中か木曜日なら、なるべく遅い時間に都合がつくのだそうです。前者は午前中。私眠くてどうしてもイヤ。後者は遅過ぎる、とダダをこね、ようやく今日にして頂いたのです。

「眠くて死んじゃうのでなければ、1回位朝いらっしゃい」と1度は日曜の朝のお約束をしたのですが、私の爲に今日にアレンジして下さったのです。

「日曜日なんてジャメ（決して）働いたことなんて無いのに！」なんてマダム・ラスキーヌはおっしゃっていましたが、クリスマスの前日の日曜だって、メーデーの日だってレッスンをして下さったことがあります。こういった日でもやりたがるのは、私、日本人だからかしら。

今日は久しぶりにラヴェルを見て頂きました。マダム・ラスキーヌのレコードに合わせて、この頃時々一緒に弾いているので、そのテンポで弾いたら、「速や過ぎる！」と。

「でも、あなたのレコードは速く弾いています」

「この前のレコーディングのこと？」

「いいえ、カルヴェ四重奏団とのレコード」

「あの時は若かったのよ‼」だそうです。

遅く弾くのは、私としては楽なんだけど、そうすると、レコードは回転数を速くしているのかしら。でも、オテル・ド・ヴィルの録音は、同じ位速いんだけど。仕方がありませんから、マダム・ラスキーヌが直接私におっしゃるテンポを守るようにしなければならないでしょう。

今日、マダム・ラスキーヌのお宅のアントレ（玄関の間）に、サルヴィのサンフォニーの置いてあるのを見ました。色はアカジュウ。

誰かが売りに出したので、マダム・ラスキーヌは自分のものにするそうです。そしてエラールの古い型の方を1台手離すのだそうです。

「このサルヴィを弾いてみたかったら、来週はこれでレッスンをしましょう」とおっしゃいました。

共鳴胴がまっすぐで、ほっそりしたエラールのハープの中で（何台か有りましたから）、サンフォニーは、かなりずんぐりと見えました。マダム・ラスキーヌは「トゥタフェ・ジョリー（完全に美しい）な形ではないけど、音は良いのよ」と、一寸和音を弾いてみせて下さいました。音は悪くありません。

あまりいじるのは悪いので、1、2本、スチールの弦を押してみましたけど、サンフォニーに関しては張力の有る感じでした。

私も、私のものになるハープについてハクジョウしました。ディアナは一寸大きいので心配なのですが、それを私は選んだ、と云いましたら、「今日弾いたハープだって初めは大き過ぎて弾きにくくてイヤだと、あなたは云っていたじゃないの。でも今は問題なくサヴァ（ＯＫ）になっているから大丈夫よ」となぐさめて（？）下さいました。

「いつ？」と聞かれたので、３月にと云いましたら、「あなたのところへ楽器を見に行かなくては！」とおっしゃっていました。

マダム・ラスキーヌだってサンフォニーを持つんですもの、46本弦はグラン・コンセール用では無いなんて、楽器店ハンレーの云い方は、どうも商売じみています。

大きい楽器を弾ければ、それにこしたことは無いのですが。大体、最後のスチール弦なんて低すぎてチューニングをする時、音がわからないのよ。私、日本で仕事をしていた時、よくコントラバスの人に、聞いてよ、と助けてもらいましたが、彼等だって良くわからないの。変なウナリが混じるから。弦があればタマには安心してオクターヴで弾ける時もありますが、一番下のドが無い時はその一つ上のレをドにチューニングして、オクターヴとして弾けばいいのです。下のドは有るだけで安心、という位のものです。

マダム・ラスキーヌが、彼女のサンフォニーでどんな音を出すのか興味が有ります。

　とにかく、私のものになるディアナが悪くないように!!

　子供が産まれる時も、こんな風なんですってね。初めは、男が良い女が良い、と。大きくなったら何にさせたい、あれやこれや夢がいっぱいなんですって。でも、生まれる寸前になると、もうそんな夢なんて吹きとんでしまい、とにかく五体満足でさへいてくれたら、と思うようになるんですって。

　私がディアナに寄せる望みも同じです。

　少し前にマダム・ラスキーヌのコンサートで、譜めくりを二度しました。

　土・日曜日の二日間のコンサートで、と電話がかかってきたのです。

　一度目はサールガヴォーで。ドゥビュッシーのダンス。そして譜めくりの必要は無いけどついでだからと、フォーレのアンプロンプチュ。例のウーヴラドスのシリーズです。

ガヴォーのステージの上で音を傍で聴いていると、出された音が客席に吸い取られて恐い位です。客席では良く響いて聴こえてくるのに。マダム・ラスキーヌが、すべての神経を集中して弾き、たまにアブナクなりそうな個所でも、とっさに直すのを傍で見ていると、何かサッキを感じてコワい位でした。

もう一度はサール・コルトーで、やはりフォーレのアンプロンプチュ。

「アヴェック・トワ（あなたが居てくれたら）落ち着いて弾けるから」と、頼まれました。ステージの上で弾く響きの反響具合は大変良いと思いました。曲に大変な気持の入れようで、マダム・ラスキーヌの素晴らしさに圧倒され、私は気が遠くなりそうなのを一生懸命に押え込まなければなりませんでした。

次のレッスンの時。

「この前のサール・コルトーではすごい演奏で、数多く聴いたフォーレのアンプロンプ

チュの中でアン・デ・メイヤール（一番良い出来の一つ）だった」と私が云いましたら、

「そう？　上手くいったのよ」とおっしゃっていました。

「だって、私が譜めくりをしたから」と私。

「そうよ！そうよ！」とマダム・ラスキーヌは笑いながらおっしゃりました。

ディアナは私には、やはり大きすぎるようです。弾いて弾けないことは無いのですが、他の条件、即ち楽器の性能に十分満足出来ない場合は、全くのマイナスになるのではないかと思うのです。

今日、三浦さんに会いましたら、コンセルヴァトワールはディアナを2台置いている、と云っていました。

彼女の友人達（フランス人）が何人かディアナを持っているけれど、下の弦の張り具合がブヨブヨで音が響かないのだそうです。

そう云えば、私がエキストラで時々行っていた大阪市音楽団（吹奏楽団）のはサルヴィの一番高い値段のもので、寸法はディアナと同じでしたが、そうでした。ディアナは、今ルエ（借りている）しているエラールより低い弦が10㎝程長いので、張力が無くなるのでしょうか。

弦の張りが無いと、隣りの弦にぶつかりやすい、ということも有るのです。もしもディアナより小さい型ならば、まだましなのでしょうか。

大きな楽器で音の響きの良いのは大変な魅力なのですが、弾きにくければ、総合点はマイナスになるのです。

楽器のコンクールではないから、音の大きいものだけを求める必要は無いように思います。オーケストラ用でしたら大きな音は必要かも知れません。マダム・ラスキーヌが弾く楽器はエラールで、大きいという訳では有りませんが、ソロの場合、自分の音楽を響きでアイマイにしない分、細やかな表現が出来るように思います。

ライオンヒリー23型を主にコンサートで使うつもりならば、もう一台は少し小さくても良いのではないか等と考えてしまいます。

又、小さいのも、運搬の時や、体の小さい人、子供には便利な時がありますものね。

47本の弦が理想的ですが、1番下のCを使うのは多くありませんから……。

私の楽器になった新しいディアナについて、色々考えさせられています。

先ず、私の新しい楽器ディアナにようやく慣れてきました。まずまず自分のものになりつつある感じです。とても嬉しい。

音量が前のエラールに比べて、少し響き過ぎてワーンと鳴るがゆえに、細かなニュアンスが消されてしまい不満は有ります。

仕方が無いので、自分の耳で新しくニュアンス作りをしなければいけません。

手、指の力、角度など、新しく研究すべきなのです。こんな風ですから、ただ大きさだけの慣れでも最低半月必要で、自分の表現したいものを作れるようになるのは、３ヶ月か半年要るように思います。

大きなホールで弾く時などは、エラールよりずっとディナミックな響きがするでしょう。

高音のピンピンする音をどうすればよいか、一生懸命指のあて方、力の入れ具合などを研究しています。

借りていたエラールは、チューニングをしてもペダルを変えた時、音の高低がバラバラになってしまうのに（古いからキカイがいたんでいて）、さすが新しいハープは見事です。音程には安心していられます。

コンサートの10日前に、この新しいディアナを受け取って一寸弾いてみた時は、何もかもが違って絶望的で、とてもうろたえてしまいました。でも、手をいためたせいも有るのですが、このところ少しずつ、ゆっくりゆっくり落着いて弾いていますから、新しいハープに慣れ、又、好感を持てるようになりました。

好感と云えば、初めはハープを運んできた運送業者がイヤだったから、そしてサルヴィ氏がイヤだったからハープを好きになれなかったのです。

ディアナが運び込まれた時、全くひどくつらい思いをしたので、「サルヴィのハープ」を見るのさえイヤだったのです。

そのハープでコンサートなんて、とんでもないように思いました。

とにかく、運送会社に、あなたのところの運搬人は全くコンシエンス（良心）の無いやり方で乱暴な振るまいだった、と電話をしました。

サルヴィ氏には、業者のもようを手紙で伝えました。そしたら返事がきて、早速業者に電話をし、今は違う運送業者と契約をした、と云い、あなたがそのディアナを気に入ってくれれば良いが、という文言も付けてありました。自分の方が発送を遅らせてしまい申し訳無かった、なんて一言も書いてありません。それに関して私はサルヴィ氏に文句を云いませんでした。ただ「残念なことに、今回の演奏会にはマダム・ラスキーヌが借して下さるハープで弾きます」とひと言書きました。

一応、サルヴィ氏から親切な手紙を貰いましたので、サルヴィ氏へのウラミは少しとれました。

このところ、サルヴィのディアナだけ弾いているので、一昨日のレッスンでマダム・ラスキーヌのハープでどうなるか心配していました。私が借りているアンピールではない方のハープで弾いたのですが、まるでおもちゃのように小さく感じました。

ほんの10日位で、人間の感覚なんて全く頼り無いものです。マダム・ラスキーヌのハープを小さく感じるのは初めての感覚で、小さくて一寸弾きにくいとの思いがありましたが、すぐに慣れました。

小さくて弾きにくいのは直ぐ慣れ、そう不安は無いけど、大きく感じて弾きにくいのは時間が必要で、不安感はとても強いものだと感じました。

これで、私のサルヴィのディアナを弾ける自信もつきましたので、エラールのアンピールを返すことにし、今日電話をしました。7月2日に取りに来てくれます。

例のマダムに「長い間本当に有り難うございました。お陰で沢山勉強が出来ました」とお礼を云いました。彼女は、あなたは毎月キチンとルエのお金を払ってくれたし、何にも難しい問題が無かったから、こちらこそ有り難う、と云っていました。

私は「ガヴォーを通りがかった時、あなたにお礼を云いに会いに行きます」と云ってきました。

まだフランス語はモタモタもいいところですが、フランスに来たてにガヴォーのマダムのフランス語が一つも分からなかったのに比べると、マシになったものだと思います。
あの頃を思い出します。

# 第4章　山畑さんへの手紙

山畑松枝さま

さっそくお手紙、有難うございました。

ほんとに、ほんとに、ありがとうございました。

筆不精の私にカンフル注射のようなもので、私もまたさっそく書かなければ、という気持にさせられました。

サンタクロースの袋の中味のように、色々と興味あるものがいっぱいのお手紙。山畑さんはじめ皆様の御活躍の素晴らしさに感心し、いささか目まいを感じた程です。とても刺激されました。

今、マダム・ラスキーヌのレッスンから帰り、今日云われた事などを、もう一度思い出しながら楽譜を見たり書き込んだりの作業（?）が終ったのでペンをとっています。

山畑さんのお手紙を、レッスンの後でマダム・ラスキーヌにバッスイして読んで差し上げました。そして山畑さんがマダム・ラスキーヌにきいて欲しいといった点も伺いました。まず、山畑さんがマダム・ラスキーヌのレコードをよく聴いていらっしゃる、のところでは、彼女とてもお嬉しそうでした。

ボロー先生とドゥボス先生のことについては、私はマダム・ラスキーヌのところにしか居ず、コンセルヴァトワールと違ってお友達も無くよく分からないので、又、私のほんの聞きかじりチョッピリのインフォメーションより、はっきりマダム・ラスキーヌに伺ったほうが良いと思いましたので、そうしました。

山畑さんからマダム・ラスキーヌへの1番目の質問には、

「ボロー先生の方がよりハーピストでハープの先生です。そして、ドゥボス先生の方がより音楽家で、良い指揮者です」とおっしゃり、先ずお二人を同格になさいました。

「キムラさんはドゥボス先生、ミウラさんはボロー先生で夫々すばらしい勉強をしていますね、あなたも知っての通り」

「多分、ドゥボス先生の方が音楽的にはボロー先生より上だと云っていいでしょう。でもあなたも知っての通り、ボロー先生は親切で良い教えかたをし、ハープというものを良く知っています。勿論、彼女も素晴らしい音楽家です。ドゥボス先生はハープを教える以外に指揮でお忙しく、やることが沢山お有りで、その点で、ハープだけに打ち込んでいらっしゃるボロー先生の方がつくのには良いと思います」とおっしゃっていました。

どちらがマダム・ラスキーヌのやり方に近いか、との質問には、「御両人よ」とのことでした。

私は、山畑さんがお知りになりたいこの問題を、彼女がどんな風に答えをなさるか興味を持っていました。さすがに、誰からも好かれる、人格の素晴らしいマダム・ラスキーヌです。哲学的と言っていい程だと感心させられました。

マダム・ラスキーヌは、ボロー先生のお宅へいらっしゃったりしますが、ドゥボス先生の棒でも、よくコンツェルトをお弾きになります。

2年程前、私がヒンデミットのソナタをやりたい、と云った時「この曲は私よりボローさんの方が良く御存知だから」と、マダム・ラスキーヌのお口ぞえで2回ボロー先生のレッスンを受けたことがありました。又、コンセルヴァトワールの生徒達のレッスンを聴かせて頂いたりしましたが、確かにボロー先生はこわいのですけど、それだけに生徒の方も気持がとても引き締っているように思いました。

私には、本来自分の生徒ではないという気持からか、とても親切に細かく沢山教えて下さり、大声を出したりはなさいませんでした。マダム・ラスキーヌは決してと云っていい程、怒ったような教え方はなさいませんが、夫々違ったところでとても厳しくこわく思われます。マダム・ラスキーヌがよく「ケイコのドアテ（指使い）！」とあきれたり感心したりして笑いながら許す指使いの考え方を、私はボロー先生の指使いに対するひらめきと考え深さ、柔軟性から大いに教えられ、方向を見つけました。

２番目の質問。カプレのハープと弦カルテットの曲、マダム・ラスキーヌはお好きだそうです。

「あなたもやってみる？　今やっている曲が終ったら」とおっしゃっていましたが、以前レコーディングで練習なさっていた時を思い出すように、「大変難しくて２時間以上は続けて練習できないのよ、とても疲れて」とおっしゃっていました。

マダム・ラスキーヌの弾き方が良いせいか、私はとても良い曲だと思います。山畑さんは、私の意見をお聞きでは無いのに、一寸出しゃばってごめんなさい。

私は、やってみたいような、みたくないようような――。

ノエルガロンのハープとカルテットも、「カプレとは又全然違うものだけど、とても良い曲で好きよ」だそうです。

ヨセフ・ヨンゲンのクィンテットは、「良く知らないけど（弾いたことが無い、という意味でしょう）、でも良い曲」だそうで、ちゃんとした良い曲でさえあれば、マダム・ラスキーヌはみんなお好きのようです。マダム・ラスキーヌがキライとおっしゃった曲は、いわゆる現代音楽（チャンスオペレーションの上に成り立つような）以外は伺ったことがありません。


3番目の質問。山畑さんが沢山並べて書いていらした曲については、他所に無ければ無いだけ重要だと思われ、私はあっさりマダム・ラスキーヌに見せて下さいとか、コピーを、とか云いにくいなあ、と思っていたのですが、彼女があまり親切に私の下手なフランス語につき合って下さったので、つい甘えて申し上げてみました。

「全部一度に、というわけにはいかないけど、1冊ずつコピー出来るように借してあげましょう。外国人なんですもの親切にしてあげなければ」と、御好意を示して下さいました。で、そのうち少しずつコピーをさせて頂けると思います。時間がかかるでしょうが、待って下さいませネ。

それから「ボクサ」はフランスでも「ボクサ」と云っています。山畑さんがマダム・ラスキーヌに「よろしく」とおっしゃったのを、確かに彼女にお伝えしました。

というわけで、すべての発端となった「ハープのニュース（ＡＩＨＡＨ）、１９７２年と１９７３年」の２冊を、「私のものをあなたにあげましょう。ずっと失くさないでとって置いてね」とおっしゃって、くださいました。

帰ってからザッと読みましたらハープの歴史的にもおもしろくて、貴重なことがいっぱいで、なる程、失くさないでねとおっしゃったのが良く分かりました。

御家族の御写眞を有り難うございました。山畑さん御夫妻は一寸もお変りは無いのに、かやちゃんはじめ（10年以上前に泊めて頂いた時、お嬢様方をちゃんでお呼びしていましたので、今でもそう申し上げるのが当り前のように思われるのです）、皆さま方の大きくなられて、きれいになられたこと‼

このお部屋は、私が泊めて頂いた応接間と違うお部屋かしら。ワンちゃんは代りましたね。あの頃はきれいに散髪されたプードルでした。

今、パスカルのコンツェルトをやっています。とても良い曲で、送って頂いたお手紙と一緒の封筒に入っていた木村さんの昨年のプログラムの中の文を、面白く読ませて頂きました。

今日は全楽章をもって行ったのですが、2・3楽章だけみて頂きました。他にもう1曲有ったので。

2楽章の始まりの、マダム・ラスキーヌがサール・ガヴォーでお弾きになったような、あの息をつめるような美しい個所で、色々と教えて頂きました。パスカルから献呈された当の御本人から教わる嬉しさは格別です。

コンセルヴァトワールのハープの卆業コンクールが来月の2日にあります。その前後して全てのコンクールに副校長のパスカル氏は出席しなくてはならないそうで、実現するかどうか分からないけど——実現しても大分遅くなるでしょうが——彼のピアノつきで私の演奏を聴いて頂けるよう、ランデヴーを試してみましょう、とマダム・ラスキーヌがおっしゃって下さいました。うれしいのか、コワいのか分かりません。

マダム・ラスキーヌの、イベールなどの入っているレコードは、録音していない曲がいくらか有るそうで、市販になるのはまだいつか分からないそうです。

御家族の皆様がどうぞお元気でいらっしゃいますように。御主人様はじめ皆様によろしくお伝え下さいませ。

１９７３年　５月８日　啓子

☆山畑松枝氏（元ＮＨＫ交響楽団ハーピスト）

優しく懐の広い方で、多くのハーピストの面倒を良く見て下さいました。この章に山畑さんから頂いたお手紙への返事を載せさせて頂きました。今、山畑さんとの御付き合いを懐かしく思い出しています。

# あとがき

この本は、1971年から4年3ヶ月パリ滞在中の、主にマダム・リリー・ラスキーヌに関する「文字」として残っている日記・手紙の中の文だけ取り出して、編纂しました。それ等の「文」の前後には、パリの生活や人との交流、旅行等、楽しかったこと、困ったこと等も書かれています。それ等は割愛した訳ですが、〝あとがき〟のここで、思い出す多くのことの中から、少し記してみたいと思います。〝あとがき〟としては変形かも知れませんが。深く考えた後に自分であれ、と。これもマダム・ラスキーヌから常に育てられた結果の形です。

折角パリに来て、観光を楽しんでいないのでは無いか、と云うフランス人の知人もいました。が、目的がハープの勉強だったので、確かに枠を外れることは有りませんでした。

しかし、四年余りの長い時間に体験した事柄は、組紐が編まれる如く私の中に沢山の思いでを残しています。

マダム・ラスキーヌの思いでエピソードを一つ。

彼女は、ずっと前から毎夏ニースで催される「夏の学校」で、ハープのレッスンを担当していました。でも、私がパリに居た前後はやっていませんでした。「あれは、とても疲れるのよ」と。が、ひと夏だけ「モーツァルトのフルートとハープのコンツェルト」をランパルと演奏しました。私はこの曲をパリで何度も聴いていましたが、何度聴いても感動する演奏なので、ニースでも聴こうとしていたのです。

その夏は、京都から声楽家の先生に連れられて、お弟子さん達のグループが参加していました。その中に「もっちゃん」という私の友人が居て、彼女達が宿泊所にしていた寄舎に私も泊らせて貰い、彼女の時間のある時にはニースの街を散策したり、海で泳いだりしながらマダム・ラスキーヌのコンサートを待っていました。

そんなある日、マダム・ラスキーヌから「今日のお昼ごはんをレストランで一緒にとりましょう」と連絡が有りました。マダム・ラスキーヌも、ニースに滞在中でした。

レストランでメニューを選ぶ時、にっこりと「ラタトゥーユを食べる？」と彼女が云いました。ラタトゥーユは今でこそ日本でもポピュラーですが、当時の私は知りませんでした。「食べたことは無いけど、あなたが召し上るなら私も！」と。

彼女は、「ラタトゥーユ」はフランスの南の方の郷土食でおいしくて、御自分は好きなので、と私に勧められました。

私は初めてラタトゥーユを食べ、それ以来自分でも作り、ウチでもソトでもラタトゥーユを食べる度に必ずニースの情景を思い出しています。あの爽やかに乾いた心地良い空気の感触も。

話は変って。日本に居る友人を通してパリに住むフランス人の知人が何人か出来ました。ホームステイ、食事の招待、黄水仙の花つみ等、フランス人の生活を垣間見せてくれました。異国に住む私への優しさでした。

時間を工面して、ルーブル美術館をはじめ多くの美術館や博物館に行ったのも、私のハープの勉強の上で大きなプラスとなりました。印象派音楽の理解と感性が本物として自分の中に流れるのを感じたのです。これは、とても大きな収穫でした。

こんなエピソードもありました。

アリアンス・フランセーズで同じクラスになった中国人の友人と授業の後、時々キャフェでお茶をして、おしゃべりをしました。お互いに習いたてのフランス語とカタコト英語、しばしば白い紙のテーブル掛けに漢字を書きながら。ある時、こんなことが有りました。大きな船の最後尾で心地良い海風に吹かれていたのに、突然その船が逆方向に進み、進行方向の眞正面の強い風をあびてビックリした思いになったことです。

友人は、第二次世界大戦で日本が中国でどんなことをしたか、強く云いたてたのです。でも、友人は船向きを元に戻しました。

「あなたとは友達なのだから、仲良くしましょう」と、楽しいおしゃべりに戻りました。

パリでアートの勉強や仕事をしている日本人のグループの一つと、何かの集りで知り合いになりました。

その中のお一人のアパルトマンの住居が、彼等のたまり場になっていました。時々よばれて楽しい時間を過しました。日本語が飛び交い、日本の食べものや、お手製日本料理を皆で楽しみました。彼等は、パリの生活をエンジョイし、自分自身を豊かにしていました。彼等の博識、探求心に私はワクワクしたのです。外国で暮らす不自由さや不案内さを、彼等の情報で私は随分助けられました。言葉が全部解る場所は、私のオアシスでした。

私がパリに4年余り居たと、「はじめに」のところで記しましたが、自分の心情と経過を振り返ってみます。

1年目。すべてが新鮮で物珍らしく、新しい体験の山で、ハープへの窓が開かれ光の中に向こうの景色を見た思いでした。パリに来ないよりはマシですが、すべてに慣れるのが精一杯でした。

2年目。自分の進む道が朧に見えてきて、戸口から外へ歩き出したこと。これから勉強が始まるのだとの実感。

3年目。自分の道をしっかり歩けたこと。終りの頃、もう1年有れば目的地に到達出来るのに――との未達成感が有りました。

4年目。幸い経済的な面もクリア出来、希望が叶いマダム・ラスキーヌのレッスンを続けられました。4年目の後半、自分の持っている力は出し切った。後は自分の足で歩いて行きたい、と充実感を感じました。マダム・ラスキーヌが「ケイコのスタイル、私が認めましょう」との言葉で。満足してパリから日本に帰れる、帰りたいと思うようになったのです。

最近読んだ精神科医・故丸田俊彦氏の本の中に次の文がありました。

「――私がいなくなれば、自分の頭の中にあるものはすべて消えてしまうが、それらを人に伝えればその人達の中に残る――」と。私がこの本を書こうと思った動機と同じことを、丸田氏も考えておられたのかと、強く共感しました。

音楽評論家・故濱田滋郎氏がお書きになった文章の中で、リリー・ラスキーヌによせる表現が私の思いと共通であることを知り、うれしく思いました。感謝を込めて、その文章を附記中「特記」として引用させて頂きました。

私が居た当時のパリは、若い女性が、即ち私が眞夜中に手紙をポストに入れに行くのに何の不安も危険も無い、治安の良い時代でした。良き時代のパリで世界最高のハーピストのマダム・リリー・ラスキーヌに師事出来た幸せを支えてくれた家族や、多くの方々に心から感謝します。

この本の制作に当たり、数多くの協力をしてくれた夫・沢田康次に感謝します。

文章の区切に使ったハープのスタンプは、息子・沢田光思郎が小学生の時にゴム版で彫ってプレゼントしてくれたハンコです。カヴァー裏の絵はそのゴム版です。

カヴァー表のハープの図柄は、妹・磯山礼子の刺繍です。

二人へ、有難う。

連絡事項の多さにもかかわらず、細かいところまで私の意を汲み、ご親切に対応してくださった出版社のスタッフの方々へ感謝致します。

この本に目を通して下さった全ての方々に、心から感謝します。ありがとうございました。

# 附記

# Ⅰ．特記

エラート＝ワーナーミュージックジャパンが、CD「リリー・ラスキース、ハープリサイタル」（ERATO　WPCC‐5057）を出しました。ジャケットケースの中に、リリー・ラスキースの紹介と演奏曲目解説の文書が入っています。音楽評論家・濱田滋郎氏（1935～2021）がお書きになったものです。

この本を読まれる方々と、リリー・ラスキースの音楽のすばらしさ、魅力を共有したく濱田氏の文を引用させて頂きました。

御息女・濱田吾愛様に引用掲載のお願いをしましたところ、心良く御許可下さいました。心から感謝申し上げます。

## リリー・ラスキーヌに関する濱田滋郎氏の文（引用）

ここにCD化された、リリー・ラスキーヌによるハープ・リサイタルは、オリジナル曲、成功した編作をまじえたプログラミングの秀抜さ、容易にまねのできない優美な息づかいを秘めた名ハーピストの至芸が相まって、ためらいなく斯界の珠玉と呼べる録音である。原LP番号〈STE‐50132〉、初出は1963年で、ラスキーヌ女史が60歳代も半ばに入ってからの演奏であるが、響いてくるのは、まどかな円熟の調べのみで、老いのかげりは露ほどもない。聴くほどにつくづくと、しみじみと、たんなるハーピストではなく、類まれな〝音楽家〟であった人の姿が彷彿とする思いにかられる。

1988年1月4日、楽壇のすべてを挙げて惜しまれながらパリに没するまで、リリー・ラスキーヌは、まさしくハープ界の女王であった。生まれもパリ、日付は1893年8月31日であるから、享年94歳だったことになる。パリ音楽院で名手・名教授アッセルマンに師事しハープを学んだラスキーヌは、1905年わずか12歳で1等賞とともにここを卒業、1909年から'26年までパリ・オペラ座管弦楽団のハープ奏者をつとめた。その間、独奏者としても立ち、管弦楽との共演やソロ・リサイタル、室内楽などに活躍した。1934

年、ドナウエッシンゲンの国際現代音楽祭に出演してのち、名声は世界に広められた。1948－58年母校パリ音楽院のハープ科教授をつとめるなど、教育方面の業績も高く、その門から多くの名手たちが巣立っている。レコード録音はすでに戦前からフルートのモイーズと組んだモーツァルトの協奏曲K.299、ドビュッシーのソナタなどが名盤の誉れ高く、戦後もランパルと共演のモーツァルトがつねにベスト・セラーとなったのを始め、枚挙のいとまもないほど、すぐれた録音が相次いだ。レパートリーの幅も広く、80余歳まで人びとの敬愛を受けながら現役として活動をつづけたラスキーヌは、最も正当に「フランス楽壇の至宝」と呼ばれるべき人であった。

## Ⅱ．リリー・ラスキーヌからの手紙

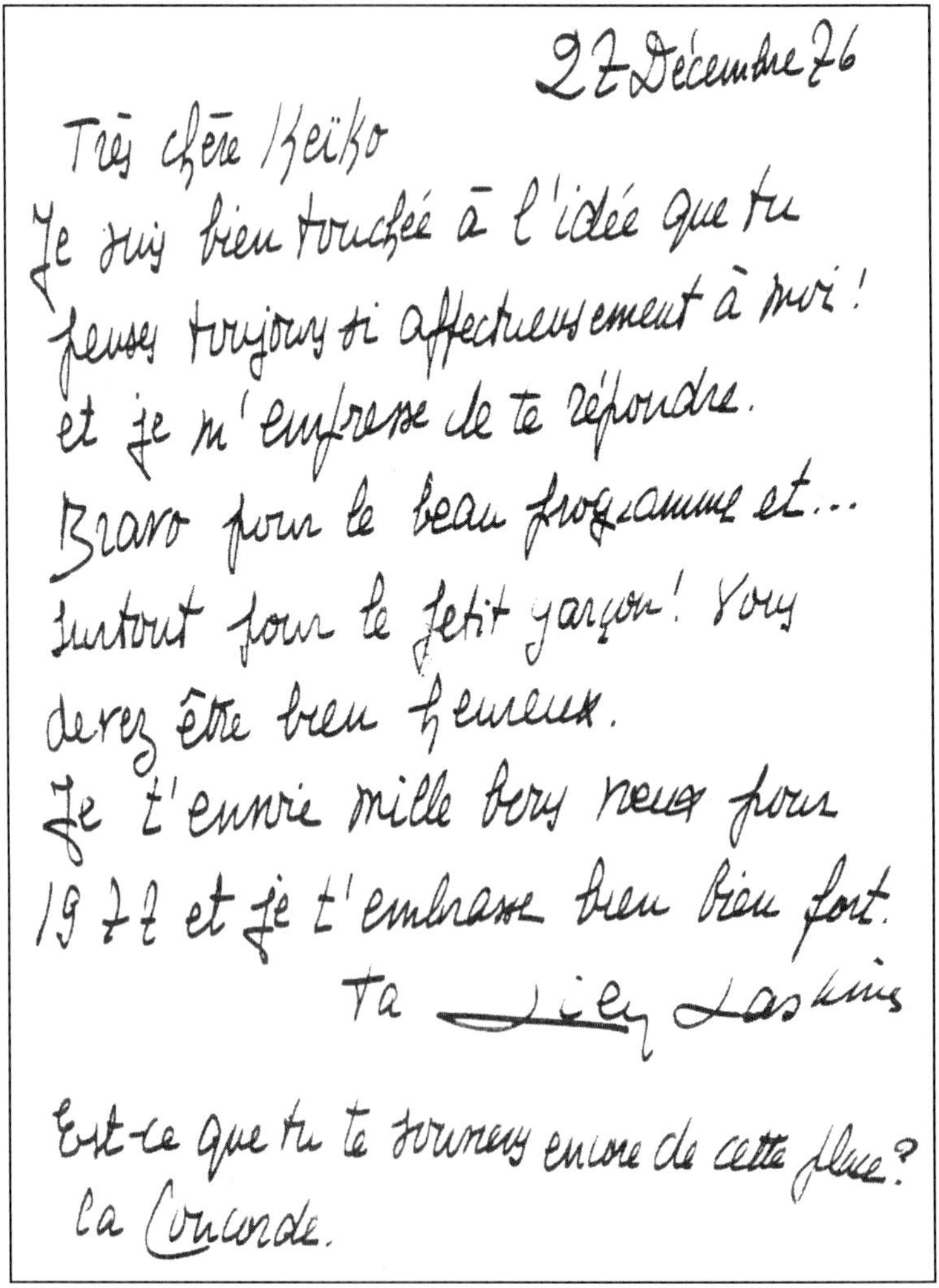

27 Décembre 76

Très chère Keiko

Je suis bien touchée à l'idée que tu
penses toujours si affectueusement à moi!
et je m'empresse de te répondre.
Bravo pour le beau programme et...
surtout pour le petit garçon! Vous
devez être bien heureux.
Je t'envoie mille bons voeux pour
1977 et je t'embrasse bien bien fort.

Ta Lily Laskine

Est-ce que tu te souviens encore de cette place?
La Concorde.

## 右頁の活字と訳

27 Décemble, 76

Très chère Keïko

Je suis bien touchée à l'idée que tu
penses toujours si affectueusement à moi !
et je m'empresse de te répondre.
Bravo pour le beau programme et ...
surtout pour le petit garçon!　Vous devez
être bien heureux.
Je t'envois mille bons vœux pour 1977
et je t'embrasse bien bien fort.

Ta Lily Laskine

Est-ce que tu te souviens encore de cette place?
la Concorde.

---

1976 年 12 月 27 日

とても親愛なる啓子へ

あなたが、私のことをいつもこんなに愛情深く思ってくれる
ことに、とても感動します！　で急いで返事を書いています。
ブラボー　素敵なプログラム、そして…
何よりも、かわいい男の赤ちゃんおめでとう！
あなた方はとてもお幸せなことでしょう。
１９７７年に向けて、沢山のお幸せをお送りします。
そしてあなたを、とてもとても強く抱きしめます。

あなたのリリー　ラスキーヌ

この場所をまだ覚えていますか？　コンコルドよ。

# Ⅲ. 写真

レッスンはいつもこのコーナーで
マダム・ラスキーヌと私

マダム・ラスキーヌ
私の部屋でレッスン後のお茶

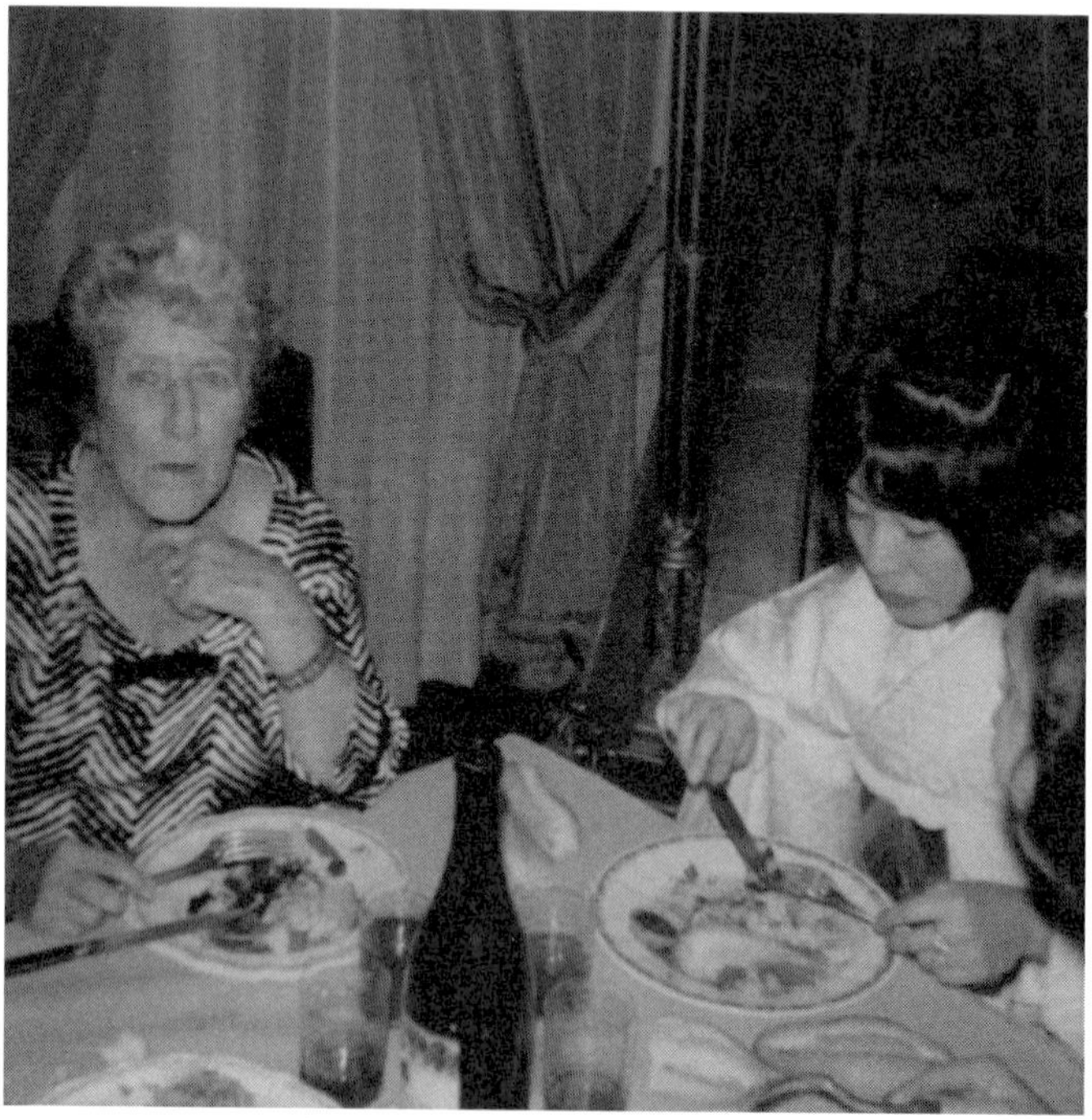

マダム・ラスキーヌ　80歳の誕生日
（右）着物を着ているのが私

マダム・ラスキーヌ　80歳の誕生日
まっ赤なバラ80本の大きな花束が前にある

演奏するマダム・ラスキーヌと譜めくりをする私

私の部屋
（手前）私の新しい楽器
（後ろ）コンサートの為に貸していただいたマダム・ラスキーヌの楽器

コンサートで弾く私

ハープを弾く私

ハープと私

## Ⅳ．沢田啓子のこしかた

ハーピスト。新潟県生まれ。（旧姓　鶴巻）

リリー・ラスキーヌ、ヨゼフ・モルナール、篠野静江の各氏に師事。

音大在学中にＮＨＫ大阪のオーディションに合格。契約者としてＮＨＫ大阪放送管弦楽団のメンバーとなる。

数多くのテレビ、ラジオ番組で演奏。

同時に大阪交響楽団、京都市交響楽団、大阪市音楽団の客員ハーピストをつとめる。

梅田コマ劇場でのミュージカル、宝塚歌劇団での音楽録音、京都太秦での映画用音楽等、種々な形の音楽に携わる。

その後パリにて４年３ヶ月、リリー・ラスキーヌに師事。リサイタルやコンサート等で演奏。

帰国後は仙台を中心に各地で、コンツェルトのソリスト、多くのソロ・リサイタル、アンサンブル、数多くのオーケストラ、現代音楽、他、巾広い分野で活躍。

ＮＨＫ、東北放送のラジオ及びＴＶの音楽番組に出演。
「仙台アイリッシュハープアンサンブル」を立ちあげ各地で演奏。
「桜コンサート」を16年間（計17回）主催し演奏。
東日本大震災で犠牲になられた方々への法要にて、複数回の献奏。
日本ハープ協会東北支部長（２００１－２０２３）
宮城県芸術協会々員（１９７６－２０２３）
全音より「アイリッシュハープアンサンブル曲集」出版。
多くのハーピストを育てる。

Keiko

# 思いでのハーピスト
## リリー・ラスキーヌ
### レッスンを通してふれた人となり

二〇二四年九月一日　初版第一刷発行

著　者　沢田啓子
発行者　谷村勇輔
発行所　ブイツーソリューション
〒四六六・〇八四八
名古屋市昭和区長戸町四・四〇
電　話　〇五二・七九九・七三九一
ＦＡＸ　〇五二・七九九・七九八四
発売元　星雲社（共同出版社・流通責任出版社）
〒一一二・〇〇〇五
東京都文京区水道一・三・三〇
電　話　〇三・三八六八・三二七五
ＦＡＸ　〇三・三八六八・六五八八
印刷所　モリモト印刷

万一、落丁乱丁のある場合は送料当社負担でお取替えいたします。ブイツーソリューション宛にお送りください。

ISBN978-4-434-34434-3